U0576878

和谐校园文化建设读本

农村中小学校长工作漫谈

古 谷/编著

古林教育出版社

图书在版编目(CIP)数据

农村中小学校长工作漫谈 / 古谷编著. 一 长春：
吉林教育出版社，2012.6（2022.5重印）
（和谐校园文化建设读本）
ISBN 978-7-5383-8737-7

Ⅰ. ①农… Ⅱ. ①古… Ⅲ. ①农村学校-中小学-校
长-学校管理-研究 Ⅳ. ①G637

中国版本图书馆 CIP 数据核字(2012)第 115987 号

农村中小学校长工作漫谈		古 谷 编著
策划编辑	刘 军 潘宏竹	
责任编辑	庞 博	装帧设计 王洪义

出版 吉林教育出版社(长春市同志街 1991 号 邮编 130021)
发行 吉林教育出版社
印刷 北京一鑫印务有限责任公司

开本	710 毫米×1000 毫米 1/16 13 印张 **字数** 165 千字
版次	2012 年 6 月第 1 版 2022 年 5 月第 3 次印刷
书号	ISBN 978-7-5383-8737-7
定价	39.80 元

编　委　会

总 序

千秋基业，教育为本；源浚流畅，本固枝荣。

什么是校园文化？所谓"文化"是人类所创造的精神财富的总和，如文学、艺术、教育、科学等。而"校园文化"是人类所创造的一切精神财富在校园中的集中体现。"和谐校园文化建设"，贵在和谐，重在建设。

建设和谐的校园文化，就是要改变僵化死板的教学模式，要引导学生走出教室，走进自然，了解社会，感悟人生，逐步读懂人生、自然、社会这三部天书。

深化教育改革，加快教育发展，构建和谐校园文化，"路漫漫其修远兮"，奋斗正未有穷期。和谐校园文化建设的研究课题重大，意义重要，内涵丰富，是教育工作的一个永恒主题。和谐校园文化建设的实施方向正确，重点突出，是教育思想的根本转变和教育运行机制的全面更新。

我们出版的这套《和谐校园文化建设读本》，全书既有理论上的阐释，又有实践中的总结；既有学科领域的有益探索，又有教学管理方面的经验提炼；既有声情并茂的童年感悟，又有惟妙惟肖的机智幽默；既有古代哲人的至理名言，又有现代大师的谆谆教诲；既有自然科学各个领域的有趣知识，又有社会科学各个方面的启迪与感悟。笔触所及，涵盖了家庭教育、学校教育和社会教育的各个侧面以及教育教学工作的各个环节，全书立意深邃，观念新异，内容翔实，切合实际。

我们深信：广大中小学师生经过不平凡的奋斗历程，必将沐浴着时代的春风，吸吮着改革的甘露，认真地总结过去，正确地审视现在，科学地规划未来，以崭新的姿态向和谐校园文化建设的更高目标迈进。

让和谐校园文化之花灿然怒放！

本书编委会

目 录

导言　农村基础教育的发展现状

——农村中小学教育现状

近年来，随着城乡经济发展差距的拉大，城乡基础教育公平问题日益凸现出来，农村中小学教育尤为重要。我国 13 亿人口超过半数生活在农村，一半以上的中小学生也在农村。要提高我国整体教育水平，必须加强农村基础教育这个薄弱环节。这个问题关系到教育事业的现代化，关系到农村的长远发展，关系到整体国民素质的提高。缩小城乡基础教育差距，实现教育公平问题成为社会关注的焦点。实现教育公平的关键在于提高农村基础教育的师资水平，特别是培养有先进的教育理念和较高工作水平的农村中小学校长。

农村学校校长是农村学校的教育者、领导者和管理者，是农村学校管理的组织者和实施者，是农村学校教育改革与发展的引导者。农村中小学校长对农村学校的生存、发展起着至关重要的作用。校长在学校办学、管理过程中的作用决定着学校办学效能。加强农村中小学校长队伍的建设，提高农村中小学校长的办学水平和管理水平已经成为我国农村义务教育管理体制改革和经费投入保障机制改革以后最紧迫的任务。要实现农村小康，就要提高农村人口素质；要提高农村人口素质，必须巩固和提高农村义务教育的普及水平和质量；这就是要求提高农村中小学管理水平和办学效益，促进城乡教育均衡发展，实现农村学校教育使命。所有这些关键都在于提高农村中小学校长工作水平。

每个人可能同时承担着不同的社会角色。从一定意义上说，社会角色决定了社会地位。由于历史的原因和现代社会发展伴随而来的各种关系的复杂性，农村中小学校长的角色与地位很自然地就具有了复杂性、特殊性和多重性。按着现行的校长负责制的体制要求，农村中小学校长是学校的法人代表；是学校的最高"行政长官"；是德育工作、教学工作、安全工作等等的第一负责人；是协调各种关系、裁判家校矛盾的"外交家"和"法官"。农村基础教育是影响当下我国整体教育水平的薄弱环节，所以国家、社会、家长多方面对农村中小学校长赋予了太多的使命，寄予了太厚重的希望，也由于农村环境的复杂性和过于繁杂的能负担起的和不能负担起的责任，就决定了农村中小学校长地位的复杂性、特殊性和多重性，同时，也彰显出农村中小学校长工作的挑战性、重要性。然而，农村中小学校长作为缩小城乡基础教育差距的中坚力量，这个群体在开展工作时面临很多的教育困境。

农村学校相对于城镇学校来说，农村中小学校长管理的难度要大得多，这是被其特殊性所决定的。

第一节　农村中小学师资队伍存在的问题

农村中小学校不仅存在着教师素质不高、能力不强的问题，还面临着教师数量不够、待遇不公的问题。这给农村中小学的课程改革，特别是新课程的实施带来了诸多的问题或影响。义务教育阶段农村师资队伍的问题主要体现在以下六个方面：

（一）数量相对不足

义务教育阶段农村师资队伍的首要问题就是数量上的缺乏。一方面落后偏远地区农村很难调进教师，很多正规师范院校毕业的学生对这里望而却步，因此造成这些地区的教师基数小。另一方面，农村教书条件差，待遇低，所以造成在职的教师千方百计地想调出农村。这些调出去的教师大部分都是知识基础好、业务能力强的教学骨干。现在很多落后地区的农村学校纷纷聘请临时代课教师，以缓解农村教师缺乏的现状。据调查，很多农村中小学除几名公办教师，其余全是代课教师。这不计其数的计划外教师，既无法保证教育质量，又加重了乡、村及农民的负担。

（二）学历水平偏低

学历是从事一定层次工作所应具备的基本条件，它能够反映人们受教育的程度和相应的文化素质。我国教师法明确规定了取得教师资格应具备的相应学历。从学历水平看，2004年全国仍有31万名小学、初中教师未达到法定学历，其中绝大部分是农村教师。到2005年全国小学具有专科以上学历教师，城市为78.01％、县镇为67.17％、农村为47.49％，农村比城市低约31个百分点；全国初中具有本科以上学历的教师，城市为62.44％、县镇为34.5％、农村为24.34％，农村比城市低约38个百分点。由此可见农村教师的学历结构中高学历所占比例明显低于城市教师。

（三）结构性不合理

1. 学科安排不合理

农村中小学学科安排不合理主要体现在不同学科教师分布不均衡。基础学科语文、数学教师的数量相对较多；而音、体、美、英语、计算机教师严重缺乏。产生这种现象的原因主要是：首先，农村教师中的第一学历为音、体、美、英、计算机的人数极少。有调查结果表明，农村教师第一学历结构中，中文专业占最多数，其次是数学等专业，而音、体、美、计算机专业人数更少。

2. 年龄结构不合理

当前在农村教育出现了一种怪现象，那就是"哥哥姐姐教高中，叔叔阿姨教初中，爷爷奶奶教小学"。这说明农村教师队伍出现了严重的老龄化问题。

3. 性别比例不合理

目前，在农村教师队伍的性别结构中，出现了女教师与现实需求相差甚远的现象。与过去相比，农村女教师比例有了很大的提高；但与农村男教师及城市女教师比较，农村女教师队伍无论在规模、结构、质量及发展等方面都存在相当大的差距。据调查，在很多农村地区特别是边远山区，村中小学几乎完全是男教师。

农村学校规模相对较小，尤其是偏远的地区。教师间的竞争也就相对较小，这样非常不利于教师在学识和业务上的交流及发展。

（四）整体素质偏低

1. 教育观念比较落后

教育观是教育的根本观点，是从事教育工作的根本指导思想。可以说教育观是教育工作者的根本思想，是其有效地从事教育工作的必要前提。因此具备先进的教育观念是每个教师应当具备的素质。但是，与城市教师相比，农村教师在这方面比较欠缺，如在教学目标方面，农村教师对知识目标比较重视，认为教师是传授知识的，学生是学习知识的，把知识的掌握当作教学的终极价值和唯一目的，对学生能力发展、身心素质的整体发展考虑较少。在学生观方面，把学生当作被动的接受者，对学生的主体性认识较差，因而不能发挥学生的主体作用。在教学评价方面，过分重视甄别和选拔功能，对激励和表扬功能认识不足等。这些落后的观念显然不利于学生的发展。

2. 职业道德水平有待提高

部分农村教师能从各个方面严格要求自己，但依然还存在着大量的农村教师为人师表的意识薄弱，不能够以身作则，在尊重、关心、爱护、引导学生等方面做得不够，忽视学生人格，侮辱、体罚学生的情况时有发生。更有甚者做出了触犯法律的事情。报纸曾报道贵州省威宁县一位农村中小学教师组织学生卖淫的事情。这不仅损害了教师的形象，同时也给社会造成了极大的危害。

3. 知识结构不合理

教师是人类文化、科学知识的传递者，是学生掌握真理、认识世界和发展智能的引路人。掌握系统的科学知识、具有良好的文化素养，是从事教育工作的前提条件。教师不仅要掌握较多的知识，而且应具备符合教育工作要求的合理知识结构。农村教师大多缺乏本学科的专业知识，而教育学和心理学的知识、人文社会科学知识更为不足。

4. 教育能力低下

教育能力即教师从教的能力，也是一名教师圆满地完成本职工作的专业本领。义务教育阶段农村教师教育能力普遍较低。

5. 心理素质较差

农村教师由于工作繁重并且复杂，加之社会发展对教师职业要求的提高，学生家长对子女期望值的日益增加及日趋激烈的职业竞争等因素，已严重影响了农村教师的心理健康。农村教师在文化交流、交通、环境建设、社区服务等诸多方面不如城市教师优越，这些致使农村教师心理健康普遍不如城市教师。在一些落后地区的农村教师心理健康问题就尤为突出，如在交通偏僻的农村中小学工作的教师在人际关系敏感、强迫症、抑郁、焦虑、敌对性等方面更为明显。而且农村中老年教师的心理健康问题较青年教师严重。

（五）培训进修提高困难

在经济方面，主要问题是经费严重不足，这是农村教师业务进修难于开展的主要原因。经费的不足一方面源自绝大多数地区的教育管理部门和学校对教师继续教育的投入甚少，而且近几年增加投入的增幅也很小。这样的投入很难给教师继续学习创造良好的条件；另一方面源自多数教师本身对继续教育的投入不多。农村教师队伍是低收入人群，在他们有限的收入里，教师对继续学习的投入绝大多数用于学历教育，以达到学历达标的要求，而用于非学历学习的经费很少。除此之外，教育部门创造进修机会非常有限，农村中小学进行校本培训的艰难等原因都使农村教师参加继续教育成为难题。

（六）师资队伍不稳定

1. 优秀人才难以引进

在过去的计划经济体制时期，老、少、边、穷地区还能从应届毕业的师范生中得到适当的补充，而在如今的市场经济条件下，这些地区的教师补给极为困难。毕竟农村环境恶劣，对于教师的生存与发展有很多不利因素，因此很难吸引优秀的师范院校毕业生到农村来任教。

2. 骨干教师流失严重

农村教师流失像水土流失一样严重，这些骨干教师普遍由偏落后的农村向比较发达的城镇涌动。由于各方面的原因，特别是受市场经济的影响，多年来一直存在"骨干名师向城市飞，乡村教师往城镇挤"的现象。由于教师队伍中主干力量不稳定，教学骨干连年大量流失，农村学校已成为向城市输送优质师资的基地。这些骨干教师大多是县级以上的优秀教师、学科带头人或学校的教学骨干。

（七）教师对农村课程改革意识薄弱

1. 农村中小学教师实施新课程积极性不高

由于教师的数量不足，素质较低，农村中小学教师对已有课程的掌握还不充分，又要进行改革，实施新课程，所以许多教师对课程改革十分担心，害怕课程改革给自己带来麻烦和压力，担心新课程不适合农村中小学生，因此对课程改革和新课程持抗拒态度，许多教师甚至对新课程没有什么了解，就本能地认为不好，对课程改革或新课程的态度极其冷淡。课程改革在农村，特别是西北地区农村中小学难以开展。

新课程的实施是我国当前基础教育改革的重点，可是在广大的农村地区，新课程的实施却举步维艰，出现了"轰轰烈烈喊课改，扎扎实实搞应试"、"上面热，基层冷"的局面。

2. 农村中小学教师对课程改革的理解存在偏差

课程改革是综合性改革，涉及到诸多因素。但在实际中，由于农村中小学宣传的不够，资料的缺乏，教师培训的不足，许多教师简单地将课程改革理解为就是教材的更换。还有一些农村中小学教师对于《基础教育课程改革纲要》中"注重知识传授的倾向，强调形成积极主动的学习态度，使获得基础知识与基本技能的过程同时成为学会学习和形成正确价值观的过程"的改革目标，断章取义，认为基础教育怎么能不要知识的传授呢？对《基础教育课程改革纲要》中"改变课程结构过于强调学科本位、科目过多和缺乏整合的现状，整体设置九年一贯的课程门类和课时比例，并设置综合课程，以适应不同地区和学生发展的需求，体现课程结构的均衡性、综合性和选择性"，片面地认为课程改革要取消学科课程，要将不同科目合并到一起等，从而批评课程改革不符合学科发展的规律和特点等；对于《基础教育课程改革纲要》中"改变课程内容'难、繁、偏、旧'和过于注重书本知识的现状，加强课程内容与学生生活以及现代社会和科技发展的联系，关注学生的学习兴趣和经验，精选终身学习必备的基础知识和技能"的改革目标，错误地认为不要学习书本知识了，学生的经验将成为课程的主要内容，从而批评课程改革违背教育的规律；对于《基础教育课程改革纲要》中"改变课程实施过于强调接受学习、死记硬背、机械训练的现状，倡导学生主动参与、乐于探究、勤于动手"的目标，错误地理解为不要接受学习了，不要记忆背诵了，批评课程改革是放任学生自己活动，把学生的学习等同于科学研究；对于《基础教育课程改革纲要》中"改变课程评价过分强调甄别与选拔的功能，发挥评价促进学生发展、教师提高和改进教学实践的功能"，误解为不要考试和评价了等等，从而对课程改革发难，对新课程怀疑，对新课程的推进和实施冷淡。其他诸如对掌握知识与发展能力、参与式教学、学生主体地位等问题，都不同程度地存在着误解。这种误解，原因是多方面的，结果也是极其严重的，不仅不利于课程改革，而且也不利于农村基础教育的发展。

3. 农村中小学教师面对新课程缺乏信心

课程改革提出了许多新的理念、新的目标、新的内容。许多教师由于平时接触的信息较少，对国内外教育改革了解不多，工作中习惯于以往的做法，面对新课程中的新理念，一些教师总是觉得不符合实际，难以落实，对课程改革能否取得预期效果信心不足。而在课程改革或新课程的宣传和培训中，又往往对以往课程的问题讲的特别严重，对以往教师的教学给予严厉批评，而对于新课程的理念、目标和内容给予了较高的评价，全面的阐述和深奥分析，使得农村教师感觉到自己以前的观念是落后的，教学方法是陈旧的，评价手段是错误的，而课程改革或新课程的理念又这么复杂，要求这么高，自己的能力又这么差，因而自信心严重不足，自卑感强烈。面对新课程，既不敢教了，也不知道怎么教了。

4. 农村中小学教师难以掌握课程改革的精神实质，难以达到新课程的要求

尽管农村教师在课程改革中不应该自卑，但我们还必须看到，由于部分农村中小学教师学历偏低、学校资料缺乏、课改专业空白，特别是由于农村学校教师数量的短缺和学校经费的紧张，教师外出学习、考察以及培训、进修的机会就少之又少，外界的专家学者也很少到农村学校开展教师培训、信息传递、观摩教学等，农村教师专业发展的机会就极其少。因此，面对课程改革或新课程，一些教师尽管也很积极，认为课程应该改革，新课程很好，但由于自身的能力、水平以及学生素质等的限制，在实践中难以把握课程改革的精神实质，难以达到新课程要求，从而使得课程改革的目标难以落实，新课程难以忠实推行。例如，课程改革提倡课堂教学中小学生的参与，现实中就"呈现出一片'生机勃勃'、'热闹繁荣'的景象：学生忙于活动材料的搜集、整理，小组忙于热热闹闹、旁若无人地讨论，教师忙于一个一个活动的组织、开展，忙于在各小组间转悠"。活动中有相当部分是散漫的、随意的、肤浅的、局限于表层的活动，活动缺乏明确的目的，"唯活动是瞻"、"为活动而活动"，出现了活动的形式化、浅层化和绝对化倾向等等。课程改革强调学生要主动探究，要培养学生勤于动手，乐于探究的精神。现实中就出现了"我们在课堂中看到，探究活动遍及各个学科，从自然科学到语文、社会、英语、音乐课，从低年级到高

年级，不问教育对象、知识内容，盲目探究，过度探究，重探究的形式却无视探究的成效……课堂评价硬性规定讲解不得超过多少分钟，以至于教师不敢讲解"等等。

5. 不能为教师参与课程改革或实施新课程提供外部环境

学校的课程改革受制于许多外部环境，特别是教育行政部门的管理和评价制度。课程改革虽然提出了很多新的理念和目标，新课程也有自身的优点，教师即使认识到位，积极参与改革，但如果教育行政部门的政策、管理、评价仍然没有转变，教师即使按照新课程的要求去实践，改革也难以顺利实施。特别是地方教育行政部门、学校等的政策、管理和评价等往往与教师的关系更为密切，对教师的切身利益影响更大。教师被要求按照这些政策、管理规定以及评价标准等来进行教学。因此，如果没有良好的外部环境，却责备教师在改革中表现得不好，这是不公平的；或者单方面要求教师要积极参与改革，这也是十分困难的。

例如，一位农村语文教师写给《中国教育报》的信，非常形象地说明了这一问题：

我望着课改害了怕

我是一个参加工作十几年的乡村语文教师，深知应试教育的种种弊端：无休止的作业、无休止的加班加点……怀着极大的课改热情，暑期进行了培训，后又在课堂教学中积极按照上级要求实施课改，课改公开课也得到了上级领导的充分肯定和鼓励，并总结出经验进行推广。然而在最近组织的全街道统考中，我所教的班级语文考试成绩却名列榜末。这既使我战战兢兢，又使我羞愧难当。

战战兢兢是因为即将进行的人事制度改革要将近几年统考成绩列入其中；羞愧难当是因为课改先锋却名列末次，羞于见人，我好像自己掴了自己一巴掌。

冷静下来分析原因，一是虽然新课改适应了素质教育的要求，从一定程度上减轻了老师和学生的负担，但我没有使出像以前考试那样的苦功，抛弃了题海战术这一法宝。二是我的思想认识不到位，我应该既要搞好课改，实施好素质教育，又要应付好应试教育的统考，正因为我没有认识到这一点，才吃了败仗。

由此，我再次感到现在做一名教师的不易。课改让我们充分尊重孩子的个性，发展孩子的潜能和创造力，而升学、统考却又要逼着他们不厌其烦地去背、去做超负荷的作业，还不敢有丝毫体罚和变相体罚，我们可真为难。据说，素质教育不是不要考试成绩，而是使考试成绩更高更好，我不知道下过此结论的人在实际工作中是如何做到的，是哗众取宠还是真有其宝贵经验，他们的考试成绩是指素质教育的成绩还是应试教育的成绩。而我们的切身体会是，要保证和提高统考和升学成绩，就难以实施新课改和素质教育；要实施新课改和素质教育，统考和升学成绩就难以保证。素质教育和应试教育都搞好，至少我们现在没有能力做到。

目前，素质教育和应试教育在实际工作中矛盾地并行着，我们也在矛盾地艰难执行着，不知这局面还要持续多久。什么时候我们才能卸下沉重的经济和精神包袱，愉快地投身于教学工作呢？下一步，还搞不搞课改，我真有点犯了难，害了怕。

（八）教研活动不积极

1. 学校条件有限，制约着学校教研活动的开展

农村中小学极少有图书馆。部分学校虽然有图书室，但由于经费紧张，无法经常添置必要的图书资料，只能订阅几种常见的报刊。据调查，个别农村中小学甚至连教育主管部门的指导性报刊也不订阅。信息闭塞更是农村中小学普遍存在的状况。一些农村中小学地处偏远的山区，学校经济条件不好，财力紧张，教师极少有到外地、外校学习、交流的机会。有的教师任教十多年，竟从未到外校参加过一次教研活动，信息绝大多数来自教科书或教师用书，而通过网络获取的教育资源很少，有相

当一部分教师自费订阅了一些有关的教育杂志，但这远远难以满足需求。不少农村中小学教师就是这样日复一日，年复一年，仅凭这一本教学参考书进行着古板的、单调的、以不变应万变的封闭式教学。在这种情况下，即使有少数教师想进行教育科研方面的探索，也往往因缺少资料，对外界信息不了解而难以出成果或半途而废。

2. 部分农村中小学对开展教研工作的重要性认识不足或存在错误的认识

相当一部分农村中小学校长教育科研意识淡薄，没有把教育科研作为一项重要工作来抓。认为教研在教学中可有可无，开展教研活动会分散教师精力，影响学校教育教学质量的提高，或者认为教研工作是教研部门的事，学校没有能力开展也没有必要开展。在有些校长的头脑中，还存在着一些片面认识：一是认为农村搞教育科研是专家、学者、县（区）级以上教研室和城市学校的事，农村中小学师资力量薄弱，人员少，没时间、也没有能力开展教育教学研究；二是认为农村中小学教育科研工作可有可无，开展不开展无关大局，照样办学教书；三是认为开展教育科研活动有风险，既需要人员、资金，还有可能影响教学质量和升学率。在这种思想观念的影响下，校长既不重视也不愿意去抓教育科研工作。

3. 教师编制少，教学压力大，没有多余时间开展教研工作

有的农村中小学教师周课时竟高达 50 节，就总体而言，每周平均授课数达到 18.5 节左右，这主要由于农村中小学师生比例失调，教师数量不能满足学校对教师的需求。近几年来，虽然要求坚决纠正片面追求升学率的倾向，变应试教育为素质教育的呼声很高，但不少农村中小学应试教育的倾向仍比较严重，为此加班补课，教师很难再有时间和精力去从事教育教学研究。

4. 一些学校虽然开展了教研工作，但总体上缺乏规划和组织领导，带有不同程度的盲目性

有部分农村中小学校开展了教研活动，但教研活动单一，教育科研工作像蜻蜓点水一样，方法单调，内容贫乏，认识肤浅，深不下去。有的教师认为教育科研就是听课、议课、评课，实际上也只是一种形式，听无目的、议无中心、评无深度，不愿或不能触及到教育教学中存在的问题。有的教师长期忙碌于备课、上课、作业批改之中，很少去探究是否用更好的办法、更轻松的方式来取得更佳的教育教学效果。而且绝大多数农村中小学校无明晰的教育科研工作远景目标及长远规划，基本上是"走一步，算一步"或者"脚踩西瓜皮，滑到哪里算哪里"，无法持续地将教育科研工作引向深入，造成教育科研课题半途而废。

5. 教师学历普遍偏低，对教学研究工作力不从心

最大的问题还是缺乏系统的学科专业知识。学科专业知识指与教师任教学科相对应的专业理论知识。杜威提出，一个人要成为合格的教师，第一个条件需要追溯到他对教材具有理智的准备，他应当有超量的丰富的知识，他的知识必须比教科书上的原理或任何的教学计划更为广博。杜威的看法是非常有道理的，"资之深，则取之左右逢其源"。教师要成功地完成教学任务，首先要精通所教学科的知识，只有对自己所教学科的全部内容有深入透彻的了解，才能深入研究教学，提出创造性的问题，提供合理的解释，创造性地解决问题。农村中小学教师总体以中师学历最多，占到 45％，由于缺少深厚的学科背景，纵使教了多年的书，学科知识也不会在教学的过程中自动得到进步和升华，在教学中难以统观全局地处理教材，更不能有效地进行教学研究。另外，教师队伍中有一种严重的倾向是重视学科知识，忽视教育学知识。学历补偿主要是学科知识，教育学知识的培养要么是被遗忘，要么是被曲解了，要么是被挤压了。而新型教师的基本智力之一——研究能力，要求教师对自己的教育实践和周围发生的教育现象进行反思，不断改进工作并形成理性认识。因此教师必须具有一定的教育专业知识，能够不断地将教育教学改革经验加以概括总结，提升为揭示教育规律的理性知识。

许多教师在师范学习阶段，缺少必要的教育科学研究方面的训练，加上平时忙于工作，除去专业学习外，投入到教育科研中的时间就更少了，造成教师知识面窄，对现代教学技术知识知之甚少，教研活动工作在低水平上徘徊。

6. 各级教研机构指导不够，也是农村中小学教育科研活动难以正常开展的重要原因

近几年来，虽然各级教研机构对农村中小学的教研工作有所重视，但由于指导思想、人员素质、经费、体制等方面的原因，无论是从重视的程度上还是从教研活动的组织安排上差距都比较大。加上人员少，事务多（教研室人员常常被抽做教育行政管理方面的事），同时，部分乡校教研员安于现状，拖沓、松散，无主动性和上进心，业务素质及心理素质较差，不能胜任教育科研工作。在县乡教研员中，有的经验丰富，文化基础扎实，但年龄偏高，身体欠佳，对先进的教育教学思想和教育教学理论缺乏系统的学习和研究，不适应当前教育改革发展的形势；有的则是通过各种关系调进乡教办或学校教科室从事教育科研工作的，看上去虽"年富力强"，但基础较差，无所作为；有的缺乏教育理论知识，教研无深度；有的无进取心，缺乏责任感，不学习，不研究，所研究的学科无多大起色。还有就是农村部分教育工作者的守旧思想、惰性心理、自卑感较严重，故步自封、按部就班、凭老经验办事，认为搞教研是唱高调，不切实际，还有的认为教育的天职就是教书育人，成天就是在备课、上课、批改作业中忙碌，更有甚者是把教育科研作为评聘职称、晋级加薪的敲门砖，一旦"门"被勉强敲开，"砖"就丢了，因此对农村中小学的教育科研工作往往是想顾及也顾及不过来，很难开展起来。

第二节　义务教育的"经费"困境

义务教育经费是义务教育生存和发展的物质保障，而规定着义务

教育经费投入、分配和使用规则的机制更是义务教育可持续发展的决定性条件。义务教育经费保障机制是为了保障义务教育经费的充足、公平和效率而形成的关于义务教育经费投入、分配和使用的规则体系和运行方式。它规定了义务教育经费的投入主体和投入方式、经费的分配主体与分配的重点和范围，以及经费的使用主体与使用规则等。

令农村校长最头疼的问题之一的就是办学经费短缺的问题，特别是在农村九年义务教育免费后，学校财务更是入不敷出，债台高筑。

目前我国一个农村小学生的财政补贴是 205 元，初中生的财政补贴是 295 元，教师工资由教育局发放，与学校无关。但是这样，办学经费依然是短缺的，因为学校获得经费的多少与学生人数直接有关系，如果一个学校只有几百名学生，那么学校的经费就只有几万元，这些钱恐怕还不够学校的最基本支出。经费的短缺直接造成了校长不能对学校进行有效的管理。首先，校长不能用物质手段激励教师，使很多教师对于教学的热情并不高，那些课程改革更是无从实施；校长也不能通过物质手段来惩罚违纪的教师。其次，校长没有办法来购买新的教具，造成学校教学环境的落后。

实施免费义务教育后，义务教育财政性经费成为了义务教育经费的主要来源，但是目前我国义务教育财政性经费投入总量不足且结构不合理，使义务教育陷入"经费困境"，严重制约了我国义务教育的总体发展水平。

（一）校长不能运用经济杠杆加强对学校的有效管理，增强学校活力

工资由县统一分发到教师的个人银行账户，农村学校校长没有了经济调节的措施，对于干与不干、干多干少、干好干坏，甚至自己不干还在影响别人的人，除了按照相关规章、制度的要求进行批评教育，在大会、小会上说些"发狠"的话之外，基本上没有多少实质性的处理方案。

1. 制定了明确的奖惩措施而无钱兑现。

有些校长也在上任伊始信誓旦旦地研究、讨论、制定了一系列的

奖惩规定，有许多也是切实可行的。但是，到了学期结束时，对照考核的结果要按章办事时，校长却显得无可奈何，学校筹不出钱，上面也拨不下来钱。

2. 学校规定和工资发放渠道没有很好对接。

有的县市区教育局规定了关于实行绩效考核的指标、数量和要求，因为那些措施都比较粗，对于干得多少、优劣之间的区别本来就难以界定，在最后操作时，一般是不了了之，如果哪个要被扣掉一些，没有充分的有说服力的理由是肯定要闹翻天的，所以校长们也就只好听之任之，得过且过了。

3. 工作出色的教师无法进行激励。

在收入分配制度上做加法，对于农村中小学校长来说是最理想的办法，可以省去许多因为惩罚、扣钱所带来的麻烦。但这对于没有政府额外拨款也没有其他经济收入的农村中小学，就只能是画饼充饥了。曾有一所农村初级中小学根据县教育局的统一部署搞全员聘任，要求优秀教师优先聘任，并委以重任，差的教师落聘或待聘，并强调要在收入上拉开差距。方案实施后优秀教师是满负荷甚至是超负荷工作，工作既认真又出色，而差的教师，尤其是待聘的教师，开始面子上很难堪，有些危机感。可一个学期过去，干得多又优秀的骨干教师没有得到理应多得的报酬，而干得少的甚至没干的，却依然把自己从前一样的工资放进了腰包，暗暗地窃喜的同时，还耻笑那些优秀教师为傻瓜。

因为学校地处农村，学生数量越来越少，按在校学生数发放经费的政策使得农村学校可使用的经费也越来越少，校长利用这一经济杠杆的可能性也越来越小。

（二）没有经费使用自主权，校长难以维持学校的正常运转

义务教育免收学杂费的政策实施后，使得一些农村学校校长过去依靠学费返还、搭车收费、筹集维持学校正常运转的经费也没有了。尽管一些城市、县城重点学校还在收取数额不小的择校费，但农村中

小学学校校长不敢再碰这乱收费的高压线不说，却也真是欲收无门啊。

1. 划拨到农村学校的经费不能自主开支。

财政部门在关于学校经费使用的项目上有明确的规定，有的县则是严格地执行文件上的项目规定，凡是文件上没有的项目，就是支出了也不予报销。然而学校需要用钱的项目千头万绪，有很多的项目是文件中所无法列出来的。例如，一个农村学校的大门口聘用了一个临时保安，其负责收发报纸、信件兼为学校打铃、烧水、打扫卫生，一整年过去其劳务费却没有名目从正当渠道开支。而另外两名食堂的工人的工资也不可能光明正大地从学校经费开支的账面上进行支付。

2. 农村学校校长在经济上感到内外交困。

一所学校就像一个家庭，开学就得花钱，上级部门检查工作需要接待、校际交流及活动需要经济保障、组织开展各项活动需要活动经费、维护学校的安全需要聘用人员等等，没有一样不要花钱，而这些基本上都不能拿到账面上进行名正言顺地报销。

3. 按学生人数下拨的经费逐年下降。上级财政部门下拨到学校的经费正常是按在校学生的人数下拨的。近年来，随着农村学生大幅度地涌进城里的学校，农村学校的学生呈直线下降趋势。有的乡镇的中小学呈倍数下降。但是，财政部门的拨款方式没有改变，农村学校校长就演变成了"难为无米之炊"的"巧妇"了。

例如，学校的电脑是1995年时配的，现在已经严重老化，却根本没有钱更新。

对于学校经费短缺的问题的解决，还是要从财政入手。义务教育免费对于广大农村学生来说是好事，所以不应该再恢复以前的状态。从财政入手主要依据农村学校的现实情况，在对学生补贴之外对学校进行补贴。每个学校的人数、基础设施不同，应当区别对待，例如对学生较多，教育经费相对充裕的学校可以少一些补贴，对于学生少，教育经费紧张的学校就应当多一些补贴。对于对学校的补贴多少，应当用科学的方法来评定，而不是主观臆测。

（三）乡镇政府责任缺失，校长不能有效解决学校的突出问题

自从乡镇政府不再承担农村学校教师的工资统筹经费之后，乡镇政府的领导基本上就不过问学校的事了。县市区教育行政部门对于农村中小学所要研究和解决的问题也过问不到位。

1. 乡镇政府基本不理睬学校的事。

就是农村学校的校长有事去请求乡镇政府帮助和支持，一般也是不热心，或是表面应付。曾有一所乡中心初中的校长为了解决学生半夜翻围墙出去泡网吧的事，请求乡长帮助解决，乡长则让乡办公室主任解决，办公室主任说这是属于治安方面的问题，应该让派出所出面解决，派出所说应该找发放网吧营业执照的工商所解决，而工商所说网吧的营业内容是属于文化部门的事，理应找文化站管理。结果是扯了一圈子还是什么都没有解决。

2. 对于义务教育的义务没有真正承担。

农村义务教育是一项十分艰巨的工程，特别是留守儿童越来越多的情况下，没有乡镇政府的作用，一是不能保证所有的学龄儿童都能正常入学，二是进了学校又不能保证他们不中途辍学。

3. 不能帮助学校化解与社区及家长间的矛盾。

农村中小学生辍学的很大一部分原因在家长。农村学校与社区成员或家长产生矛盾是一种客观存在，这些矛盾有些单单靠农村学校校长的力量是无法解决的，而乡镇政府代表着一级农村的领导机构，由他们的介入处理起来就方便得多。因为乡镇政府的不过问、不作为，使得一些农村学校和家长之间的问题长期得不到解决，也影响了对辍学率的控制。

第三节　农村中小学生的厌学现象

随着九年制义务教育的普及和深入，农村中小学生的厌学问题显得越来越突出。由于学生基础的参差不齐和学习任务的加重，学习困难的

学生逐渐增多,他们上课听不懂又记不牢,作业做不出,随着时间的推移,这些学生对读书没兴趣,觉得老师授课没有吸引力,于是就产生了厌学的现象。

所谓厌学,是指学生在学习过程中缺乏内驱动力,不喜欢学习或者把学习当作外界强加于自己的、难以引起兴趣的一种负担。其主要表现是:上课不专心听讲,破坏课堂纪律;厌倦教师提问,不主动发言;不能按时完成作业,或抄袭或不做;不遵守校规校纪,常犯错误,学习成绩差,学业困难,师生之间、同学之间难以合作等。

学生的厌学现象不仅仅关系到义务教育的质量、未来劳动者的素质,而且关系到投入教育经费的产出率,学生自身的健康及在未来社会竞争中生存和发展的能力,是一个不可忽视的问题。因此,应该引起教育界和整个社会的高度重视。

学生厌学情绪形成的原因是多方面的,有其自身的原因,也有外部原因。苏联教育学家苏霍姆林斯基把外部原因概括为三个方面:学校教育方面的不良影响、家庭方面的不良影响和社会环境方面的不良影响。即学校、家庭、社会三方面的原因,简称为"外部三因素"。在三因素中,学校教育因素起着更直接、更重要的作用。

(一)学校办学指导思想不端正,导致了学生厌学

长期以来,九年制义务教育的课程完全按升入普通高中和大学的需要编制,内容偏难偏深。致使农村中小学教师很难按课时计划完成相应的教学内容。况且学校的教学活动主要围绕着升学指挥棒运转,极少根据学生实际进行因材施教,促进学生个性健康发展。对学生、教师、学校的评价,基本上按考试成绩和升学率为标准,从而促使片面追求升学率的现象愈演愈烈。在这种情况下,中小学教育很难做到面向全体学生,全面提高学生素质,更难做到针对厌学学生的特点进行教育,促使他们健康成长。如:学习时间过长,考试过多,作业量过大等,必然加剧学生学业成绩上的两极分化,使一部学生产生学习困难,致使学生厌学。

（二）"大一统"的教学模式导致学生厌学

初中阶段是普及九年制义务教育的后三年，目前国家实行的是免试就近入学原则，使知识基础能力水平差异较大、兴趣各异的学生，在同一天走进同一教室，读同一本书，进行同一个教学进度，接受同一个培养目标，进行着这种"大一统"的教学模式，导致了学生厌学。"大一统"的教学模式很难根据学生的个性差异进行教学，很难因材施教。农村中小学生们感到想读的书学校里没有，所读的书又与自己的兴趣和职业选择不符，逐渐失去了学习兴趣，造成学生缺乏自信心，导致学习的失败。

（三）陈旧的教学方法造成学生厌学

教师的教学方法直接关系到学生的学习质量。目前，农村中小学教学中存在着两种不同倾向。

其一，教师不顾学生是否弄懂，是否真正掌握教材，只顾自己教，只注重教师的主导地位，而忽视了学生才是学习的主人，是学习的主体。我们认为，这种"填鸭式"的教学方法实际上就是教学上的"官僚主义"，是对学生不负责的表现。

其二，教师低估学生的学习能力，"抱着学生走"，把知识"嚼碎"了"喂"给学生，且多次重复同样的东西，让学生反复抄写或背读同一内容，使学生对学习产生厌倦情绪，极大地打击了学生学习的积极性。不少教师在教学中盲目地、大量地布置作业，以为多练有益、熟能生巧；而学生为完成老师布置的作业大量挤占休息、娱乐时间。这种低效率、高负担的教学方法与目前提倡的减轻学生过重的课业负担和实施新课程标准严重相违背，是老师无能的表现，也是造成学生厌学的重要原因。

（四）学习的反复失败导致学生厌学

我国著名教育家陈鹤琴先生说过：儿童喜欢称赞，喜欢活动，喜欢成功。绝大多数小孩子对学习的自信心和积极性本来都很高，当他们接受一两次失败时还能忍受。然而，我们学校为了片面追求升学率和考试分数，导致了我们整个教育产生面向少数人（有希望升入重点高中的那一小部分学生）的少数方面（单一的分数提高）的现象，这种少数人少数方面的成功，也就违背了义务教育是提高全体国民综合素质的根本目的，也直接导致了大多数学生学习的失败。对于学习困难的农村中小学生，他们经受的挫折特别多，在心理上承受了更大的压力。如作业做不好老师要批评，书背不好同学要耻笑，考试不及格要被家长骂等等。久而久之，他们就对学习失去了信心，导致了学生产生厌学的思想和心理，造成了学生厌学。

（五）家庭教育不当导致学生厌学

家长是孩子的第一任老师。家庭对孩子的影响具有示范性、陶冶性等特点。家庭自然结构的缺陷、家庭成员的不良品德，以及家长的不正确性的教育期望、教养方式、家庭文化氛围都是导致学生厌学的重要因素。农村中小学生的家长本身接受的教育就先天不足，有一定比例的家长既无能力又无恰当的方法教育自己的子女好好学习；有的家长虽有些经济实力，但精神生活非常空虚，给子女的教育不得法，他们给子女足够的零花钱，用于吃喝玩乐，但学习成绩却每况愈下，导致厌学；另一部分家庭生活贫困的学生存在自卑心理，学习上缺乏主动进取精神，也造成了学生厌学。

（六）不良的社会风气导致学生厌学

不良的社会风气和社会文化对学生的学习也会产生一定的负面影响。如社会上的读书无用论思想，会使农村中小学生无心学习，而一心想弃学从商。有人认为：没知识赚大钱的大有人在，目前在上海、广东等地养鸭的鸭农，大多数没读过初中，极个别还是文盲，他们照样赚大钱，盖高楼。另外，一些内容不健康的电影、录像、图片、图书等在社会上的传播，对涉世不深而处于青春期的中小学生来说会产生消极影响，使一些农村中小学生因此而无心学习或染上不良习气。

第四节　农村中小学生的辍学现象

我国是一个农业大国，农村教育是中国教育改革和发展的重点，更是新农村建设的重点。大量农村中小学生辍学直接制约着农村人口素质的提高，影响农村的发展和国家的进步。农村人口占全国总人口的70%，且人口素质偏低。在农村就业人口中，文盲和半文盲还占有一定的比例，这种状况已成为农村现代化进程中的沉重包袱。

大力发展农村基础教育，提高义务教育的普及率是我国现阶段教育事业发展的重中之重。随着我国现代化进程的不断加快和教育事业改革的不断深入，我国义务教育得到很大的发展，但农村中小学生的大量辍学，还是严重地阻碍了我国义务教育发展的进程。

近年来，由于受改革开放和市场经济负面效应的影响，农村中小学生的辍学问题已有愈演愈烈之势！从20世纪90年代末起，我国开始大规模的高校扩招，伴随的是国家对大中专毕业生统一分配制度的取消和高校毕业生自主择业政策的出台，由此出现大学生就业难问题。知识性失业的现象在农村也是愈演愈烈，大中专学生毕业后因找不到合适工作而回乡的人越来越多，成为新的农村剩余劳动力，而即使能够在城里找到工作，由于激烈的竞争工作环境，也比预期的工资收入要低。由于生活水平降低，加上对未来的不确定性，导致预期的教育收益率下降，让农民教育投资的意愿普遍降低。

（一）大量农村毕业生存在就业难题

随着改革开放的进一步深入，社会主义市场经济体制的建立，对人的思想、社会道德等方面发生了深刻的影响。同时随着教育体制的改革，教育逐步步入产业化、市场化、社会化，统一招生、统一分配制度彻底被改变，形成了招生并轨、自主择业、双向选择的市场经济的新体制。国家取消了分配制度，大学生就业问题日益严重，追求眼前的经济利益及短期功利主义严重影响着学生和家长，使学生的身心发展受到了严重侵害，因此，农村中小学生辍学现象日益严重。

经济发展造成相对就业需求量低。其主要原因有：一是我国社会生产力发展水平不高，在广大农村尤其如此，二是我国人口基数较大，各个层面的人口数量过剩，又使有限的就业机会供不应求。因此，对于广大接受完义务教育的毕业生（包括高中毕业生）来说，并非轻而易举就能获得合适的职业，对于农村学生就更难。这种现状也是导致农村辍学现象日益严重的重要原因之一。所以，就业难对辍学的影响在较长的时期里仍然会存在。再者，农村经济基础本来就薄弱，导致农村办学条件差；教育落后，导致农民文化素质偏低。这样就使新农村建设缓慢，教育对经济的促进作用就不太明显，双方的恶性循环就进一步影响了农村教育的可持续发展。

（二）农民的教育投资预期回报过低

大部分农村孩子受教育的动机和出发点并非为了提高自身的科学文化素质或者具有科教兴农思想，而是为了谋求一个稳定的职业，一份满意的收入。另外，我国在新旧经济体制转换的特殊过程中，分配制度还不够完善，有些人虽然没有文化，但或凭一技之长，或凭关系、权利等因素也赚了大钱。由于这些现象的存在，农民的教育投资预期回报过低，"读书无用论"又开始占据这些人的头脑。

（三）农村中小学课程设置中理论与实践严重脱节

农村中小学中只有少部分学生认识到了教育的重要价值在于帮助他们提高自己的综合素质，使他们掌握生存、生活所需的基本科学文化知识，以增强自己在未来社会的竞争能力。在此基础上，部分家庭经济条件较好且成绩优秀的学生则致力于追求接受高等教育。但大部分家长及学生本人则要求课程教学更多地联系生活和生产实践，渗透更多的实用技术。我们知道，由于年龄和学识的制约，中小学生的认知、分析、判断等能力既不成熟又不稳定。事实上，相当多农村中小学生的教育价值观是迷茫的。其原因在于：一是越来越多的大学生难以就业，从而使他们对考大学失去了信心；二是学术性较强的中小学文化课程难以满足学生对职业技术的需求，难以使他们产生学习的内在刺激和利益驱动。这些原因使越来越多的学生厌学，最终导致辍学。

（四）"读书无用论"思潮的兴起

"读书无用论"思潮再度泛滥，为辍学反弹推波助澜。今天，我们再说"读书无用论"泛滥，似乎是危言耸听，但在一些老、少、边、穷地区的农村，这的确是事实。多年来，国家的改革开放政策，成就了不少人的致富梦。那些"先富起来"的部分人中，有一些却是"大老粗"，仅凭肯吃苦去努力做生意而腰缠万贯。那些人的暴富，也误导了一些家长和学生。他们认为"上学不合算，读书没有用，只要做生意，照样当富翁"。因而有些农村学生不愿上学，有些家长也不愿支持孩子多读书。在"两基"巩固提高期间，他们迫于形势的压力和政府的规章，让学生返回了学校，但高潮一过，学生很快又成为"辍学族"。那些农村学校的社会环境相对较差，经济落后，家长素质较低。这造成学校教育压力大，农村中小学校长的压力同时加大。

（五）留守儿童激增

留守儿童不断增加，成为辍学率增高的又一主要原因。近年来，留守儿童已成了一个突出的社会问题。据有关资料统计表明，目前全国 14 岁以下的留守儿童近 5000 万。河南是劳务输出大省，2007 年省外务工人员已超过 1000 万人，留守儿童数量同样在激增。这给农村中小学控辍保学带来了新的、巨大的压力。留守儿童潜存着多方面的辍学动因：首先是监护不力。他们中有 80％以上是由祖父母、外祖父母隔代监护，有的是由亲友代为照管。那些年事已高、文化素质较低的长辈监护人，基本上没有能力辅导和监督孩子学习，且与孩子缺乏沟通。天长日久，在没有家庭辅导和监督的情况下，这些儿童的学习成绩开始下滑，孩子的厌学心理也随之产生。其次是情感抚慰不够，留守儿童的身心健康没有保证。由于他们与父母相处的时间少，情感需求得不到满足，遇到一些心理问题不能得到正常的疏导，严重地影响了身心健康，因而导致不少留守儿童养成不良习惯，产生心理失衡、行为失控甚至误入歧途。这样，就由厌学发展到逃学再到辍学。据调查，现在初中阶段辍学的学生，有50％以上是留守儿童。

作为农村中小学校长，如何在艰苦的条件下，走出一条适应农村学校发展特色之路，从而让农村孩子享受更好的教育，缩小城乡基础教育的差距，这是目前急需解决的问题。

第五节　农村中小学校长的实际困难

农村中小学是我国中小学教育中比重最大的一部分，农村学校校长担负起了农村教育的发展责任。但是在实际情况中，校长们又遇到的种种困难，职权责利的不对等，对教师的聘任权，学校经费短缺等等，这些都成为农村教育发展的障碍。

一、校长的职、权、责、利的问题

农村教育的发展与提高，体现、决定和制约着区域教育的发展与提高。农村教育的发展与提高，与农村学校的校长、教师息息相关。但是，目前我国农村教育中存在着一些急需解决的问题。

现在中国的农村校长大部分处于一个比较尴尬的角色中，主要表现在农村中小学校长的职、权、责、利不对等上面。具体为：

1. 校长的职、权不对等。

农村中小学校长的职、权不对等主要是指校长有职无权，或是职大权小。我国农村学校体制改革后，乡镇学校统一由当地的中心学校管理，各个学校的校长需要听从中心学校总校长的统一安排，只是纯粹的执行者。从财务到人事都由中心校来管理，甚至是一张桌子也要由中心校来分配，各个学校的校长手中几乎没有教育资源，也就失去了管理的砝码，造成校长有职无权的状况。还有各个学校没有自己的教师聘任权，农村义务教育免费后，学校财力不足，教师、资金都由当地教育局统一分配，学校也不能对考核和业务能力不强的教师进行有效的惩罚和解聘，使得校长对教师的管理也显得无力。

2. 校长的权、责不对等。

农村中小学校长还普遍存在着权、责不对等的问题，主要是校长责大权小。校长是学校的法人代表，学校中的大小事责任人最终都只是校长一人，教师有事要找校长，学生有事也要找校长。学生安全的责任让校长们十分担心，只要在学校里，不论学生发生什么样的事，校长免不了要挨打挨骂甚至被告上法庭。

3. 校长的责、利不对等。

校长有这么大的责任，应当有相应的利益分配才符合市场规律。但是农村学校的校长和教师是一样的待遇，只有工资和职称，没有半点附加的物质利益了。农村中小学校长负责学校的大小事宜，还要遵循上级意思来进行一些可能并不切合实际的改革，这一切，带给校长的只是责任，而在利益分配上，校长永远是弱势群体。

对于农村中小学校长职、权、责、利问题的解决，主要应当增加校长的权力，使职、权、责、利相对等。应当给予农村中小学校长教师聘任权、人事任免权，让校长能够更好地管理教师；给农村中小学校长经费使用权，使校长能够更好地建设学校，激励教师，等等。但是，同时要建立相应的监督机构，要求校长办公透明化，对校长权力的行使进行监督，避免校长以权谋私。

二、农村教师聘任制度的问题

在实际调查中发现，绝大多数的教师认同教师聘任制，他们认为"教师聘任制是教育制度的一次大解放，在教育方面引入了竞争机制，有利于教师资源的整合和有序流动"，"能够激发教师的工作潜能，提高教学质量，使教师形成'人员能进能出，职务能上能下，待遇能高能低'的理念，打破教师的终身任用制和人才单位、部门所有制的弊端"。实施教师聘任制"能使学校教师的学历结构更加合理"，"能为更多的优秀教师脱颖而出提供机会和制度保证"。但同时在农村中小学教师聘任制也存在着几个需要重视的问题：

1. 当前，农村中小学教师仍然是国家干部编制，享有国家干部的身份和待遇，教师的资格审定和教师的分配、调动仍然由县级教育行政部门决定，到校长手上实施的聘任制已经是"大打折扣"，校长实际上没有对教师的聘任权。这对于校长有效地管理教师有很大的消极影响。

2. 教育行政部门的教师聘任政策过于刚性，落聘指标"一刀切"。县级教育行政部门为农村中小学教师聘任提供政策指导，对聘任的程序、内容等做出原则性要求，这本无可厚非，但一些县（市、区）教育局为体现其改革决心，出台硬性指标，如规定每校落聘人员不少于在职教师的5%等。这显然有欠公允，因为各校的实际情况不同，教师的水平不同。

3. 教育行政部门只重视聘任结果，而忽略了对聘任方案实施过程的监督，缺少对学校的跟踪指导和服务。

4. 聘任标准唯学生成绩倾向严重。教师考核结果是受聘、任教、晋升工资、实施奖惩的依据，对教师考核的内容应包括："思想政治、业务水平、工作态度和工作成绩。"即德、能、勤、绩四方面。德、能、勤、绩四方面的考核结果应作为教师聘任的主要参考依据。但在实际操作中唯学生成绩的倾向十分严重。

5. 聘任期限短，不利于教师队伍的稳定。大多数农村中小学教师聘任制实施的期限为一年，实行"一年一聘制"。年年搞聘任制，使得各班的班主任和课任教师不稳定，一届学生读完下来，往往班主任换了两三个，课任教师换得就更多了，这使得学生大量的时间用在忙于适应各教师的授课特点上。过短的聘任期限，使教师普遍没有安全感，不利于农村教师队伍稳定。

第六节　农村中小学小班化现象

近年来，随着社会经济的快速发展，社会成员的流动性不断加强，对社会公共资源的配置提出了一定的挑战。其中,农民工子女跟父母一起外出流动,给城市教育资源带来了一定的压力。与此同时,随着学校布局结构调整步伐的不断加快,一些农村学校的生源出现了萎缩,形成了人数少于 30 人的小班。在"大班额"条件下,由于学生数量过多,受教学条件、教学环境、教师精力等诸多条件的限制,致使教师无法充分地关注到每一名学生的发展,不可避免地降低了教学实效性。"小班"的来临既是挑战又是机遇。

农村中小学校出现小班化现象的原因有:

1. 随父母外出就读的儿童越来越多。

随着改革开放的不断深入,农村剩余劳动力越来越多地向城市和经济发达地区转移。外出务工、经商的农民工,为了解决子女无人照管的困惑,有相当一部分农民工子女随父母外出就读去了。

2. 教育发展不均衡原因。

由于经济发达地区和城市学校的校舍、教学设备、设施、绿化美化等远比农村学校好得多,尽管城市学校要交纳高昂的择校费,还是有相当多的农民工不惜自己的血汗钱,把自己的子女从农村转入具有优质资源的学校就读。

3. 农村适龄儿童减少的原因。

随着国家对计划生育政策的实施,农民对控制人口数量的认识大大提高,多子多福的传统观念基本消除。响应党的计划生育政策的育龄夫妇多了,适龄儿童就自然减少了。

4. 农村学校布局调整的原因。

面对村级中小学小班化现象的日益凸现,各级教育行政管理部门为了整合教育资源,采取对村级中小学校的撤并措施。在一次次布局调整过程中,就把村小的中高年级学生集中到中心校实行寄宿制就读。

5. 学校人气不旺的舆论影响。

村小班级和学生迅速减少后,整个学校就显得冷冷清清,自然就引来众多家长和学生的议论，说什么那个学校教师不负责任，老师教得差。你看吧，一个班就只有几个学生了，学校都被老师教垮了等等。面对此情此景，原本想在村小就读或正在犹豫的学生也想方设法转走了，导致学生难以巩固。

6. 教师工作环境和自身的心理因素。

由于农村村级中小学距离乡镇都在 2.5 公里以上，且学校经费紧张，请不起炊事员。教师不仅要教书育人，还要担当炊事员、护校员工作等等。可见教师教学、生活条件十分艰苦。此外，还有的教师长期在村小工作，被喻为是"拿着国家工资的农民"，对这样的工作环境难免不产生厌倦、消极情绪。还有极个别教师受现在的以学生期末统考成绩为评价学校和教师主要指标的影响，也存有这样的心理：巴不得差生转出，少教几个学生不仅自己的工作可以轻松一些，教学的质量还容易提高些。

通过以上分析，不难看出农村村级中小学小班化原因是多方面的。为了进一步整合教育资源，可否将村级中小学都撤掉呢？这种办法不可取。

其一，我国新的《九年制义务教育法》规定："地方各级人民政府应当保障适龄儿童、少年在户籍所在地学校就近入学。"如果低年级学生入学半径超过 2.5 公里，就难以保障适龄儿童就近入学，影响义务教育的实施。

其二，我国前一个高峰期出生的孩子，即将成为育龄夫妇，基础教育将面临又一个儿童入学高峰期的来临。到那时再恢复停办的学校恐怕又有很多新的问题要出现。

第一章　农村中小学校长的必备素质

百年大计，教育为本。振兴教育，关键在校长。我国中小学实行校长负责制，校长的责任重大，校长是学校发展和改革的策划者和推动者。只有高素质的校长，才能办出高水平的学校。一个学校校长的办学理念，决定着学校发展的方向，极大地影响着学校改革和发展的成效。正如柳斌同志所言："一个好校长就是一所好学校。因为在办学的过程中，校长处于学校管理系统的核心地位、主导地位、决策地位，校长的思想、行为和作风在学校工作中影响全局。"无数事实证明：校长的工作如何，决定了一所学校的发展水平和发展前景。

城乡之间经济发展的不平衡导致农村基础教育的薄弱，与城镇学校相比，农村学校在各个方面都处于劣势地位，在这样的背景下，农村基础教育对中小学校长提出了更高的要求，艰难的办学条件更加要求素质高、能力强的校长担负起重要的责任。在社会主义市场经济条件下，学校依法自主办学，农村校长的角色、工作性质和学校的办学环境也应随之改变。校长在学校工作中既要管理又要育人。校长管理要从传统的应试教育的管理方式向适应创新人才需要的素质教育的管理方式转变，管理手段要从主要运用行政手段转向主要运用民主与法制手段，领导方法要从事务型、经验型转向思想型、科研型，办学模式要从封闭式转向以"三个面向"为指导的开放式教学，等等。这就要求广大农村中小学校长要不断学习，加强修养，从思想观念、知识、能力、心理素质等方面不断更新和提高，以适应社会变革和科技迅猛发展的需要。

本章参考其他国家关于中小学校长素质问题的研究及其启示，同时对我国农村中小学校长素质的现状进行了解，提出农村中小学校长必备的几项素质。

第一节　国外中小学校长素质的相关研究

20世纪初，人们就开始对领导者素质进行比较研究，并形成了素质理论。其基本假设是：领导才能实际上是个人素质的特殊结合；成功的领导者必定具有与不成功领导者不同的素质特征；可以利用科学的方法发现有效领导者的理想素质，作为选拔及培养领导人才的参考依据。素质理论着重从领导者个人所具有的基本品质与能力上分析领导的有效性，从而说明怎样的领导者才能实行有效的领导。国内外专家、学者以及教育行政部门关于中小学校长素质的研究和论述，重点在于比较鉴别有效的或成功的学校领导者所具有的特殊身心品质。研究多注重素质中"共同特征"分析。下面举例中外部分专家、学者以及教育行政部门领导关于中小学校长素质的种种论述。

一、国外专家学者对校长素质提出的要求

（一）美国学者认为，校长首先应当具备良好的个性品质，包括公平、公正意识，责任感和义务感，尊重所有社会成员，兼容不同社会观点和文化，平等待人，平等分配资源等。在校长和学生的关系上，主张校长具有协同思想和合作精神。马里莱大学教授伯曼莱认为，校长必须以一名教育者的姿态出现，而不应以当家人、政治家、万事通的身份自居。校长必须面向未来，必须愿意承担风险，勇于变革，把献身精神与敢于冒风险的创造活动融为一体。校长应当具有怎样的角色意识和素质？

美国理论界认为：（1）校长应是学校教学的领导者。他应向教师提供良好的教学环境，能指导教学，有较高的哲学理论水平。（2）校长应是学校文化的建设者。他能领导师生建立良好的校风，建设合作性文化，创造良好的学术氛围。（3）校长应是不断满足、不断追求高

质量的领导者。（4）校长应是仆人式的领导者。他是学校的保健者，是一种典范，他的完美人格把各种力量变成自己的支持者，追随者。（5）校长应是一种伯乐式的教练。他善于发现人才、使用人才，少发布命令，多创造条件。（6）校长应是一个高明的策划者。（7）校长应是因地制宜的创造者。他善于利用内部、外部的优势，提出目标，敢于标新立异。

（二）英国国家教师培训署于1995年4月颁布了"中小学校长领导和管理计划"，其中规定了校长的6项管理任务，同时对校长提出了8项能力要求，即：（1）领导能力；（2）交际与处理人际关系能力；（3）分析判断能力；（4）适应变化能力；（5）解决冲突问题的能力；（6）谈判和协调能力；（7）人事组织和激励能力；（8）传授知识能力。

英国某校在招聘校长的广告中，明确提出如下要求：（1）有教学和管理的成功经历；（2）有熟练的领导、管理和激励技巧的实绩；（3）有精力、积极性和战略眼光；（4）对学校需要和社区需要有敏感的感受能力；（5）有良好的交际能力。

（三）澳大利亚维多利亚州从20世纪90年代开始实施"未来学校计划"，州教育部对"未来学校"的校长素质及其发挥的作用进行了调查分析，认为"未来学校"的称职校长应具备以下条件：（1）具有远见卓识、创造性和灵活性，有开拓精神，能够把办学思想贯彻到实际工作中去。（2）教育领导能力。有坚定的教育信念，有广博的基础知识，能把主要精力集中到所有学生的学习结果上来，并致力于不断的自我学习提高。（3）组织管理能力。能够科学地做出决策和规划，善于观察、发现和分析学校的问题，善于谈判解决各种冲突和矛盾，具有鼓舞人、调动人积极性的能力，成为学校工作的促进者和实干家。（4）团结合作能力。能够信任他人并得到他人的信任，成为团队的代表，能够促进团队的合作，懂得并发挥团队的力量。（5）协调沟通能力。善于协调学校与社区、家长、学生的关系，倾听他人的意见，并及时提供反馈信息。（6）具有榜样作用。对工作有高度的责任心，保持充沛的精力，不断提高办事的效率，有效地指导教师工作和进修的提高。

（四）加拿大安大略省教育部署下的教师培训中心于1992年公布了安大略省校长任职资格计划指南。指南指出：作为学校领导人的校长负有在学校创建良好的学习风气，培养学生各种优良品质的责任，为此，校长应掌握以下知识和技能：（1）不同的领导模式和领导人、管理者应具备的知识技能和见识；（2）对校长不同角色的领会和把握；（3）不同的教育技巧及其运用；（4）有效地实施课程管理的技能；（5）社会变化对学校教育的影响，如何改革学校课程适应这种变革；（6）增强课程效果的创新技能；（7）激励教职工努力向上和具有责任感的管理方法；（8）学校的社会关系及其调适；（9）当前教育上的问题和趋向；（10）学校领导必备的领导技能，如有效地做出决定和宣讲决定所需的搜集和分析材料的能力等。

二、各国关于校长素质的异同观点及启示

由于各国的国情、文化背景、教育传统不同，对校长素质的具体要求及其内涵各有不同的侧重点。例如：美国和加拿大比较强调校长的角色意识和领导技能，要求校长领会和把握不同的角色，掌握和运用不同的教育领导技巧，提高管理的效能。英国注重校长成功的教育管理经历和熟练的领导管理能力。澳大利亚从知识、能力和个性品质等方面对校长提出了比较全面的要求，要求校长应当具有坚定的教育信念、广博的知识基础、远见卓识的开拓创新精神、高效的组织管理才能，为学生提供高质量教育的能力，具有榜样作用的品质和充沛的工作精力。日本对校长素质的要求，比较强调校长的经营管理能力。我国对中小学校长素质的要求，注重政治思想道德品质和教育管理能力，尤其是办学思想、事业心和责任感、思想作风与工作能力。尽管各国对中小学校长素质的要求不尽一致，但总结分析一下，仍有许多共同之处：

1. 要求校长有正确的教育思想和良好的职业品质。各国一般都要

求校长有坚定正确的教育信念，比较成熟的教育思想，并且善于接受新思想、新观念，能把教育思想贯彻到实际工作中去。要求校长能贯彻执行国家的教育法规政策，具有高度的事业心和责任感（义务感），具有科学精神和献身精神，个人品质和行为具有榜样的作用。

2. 重视校长的专业知识和实践经验。要求校长有广博的知识基础和学校管理方面的专业知识，有教学和管理方面的成功经历。一般都要求校长有坚定正确的教育信念，比较成熟的教育思想，并且善于接受新思想、新观念，能把教育思想贯彻到实际工作中去。

3. 强调校长的教育领导能力，包括分析判断能力，组织管理能力，教学指导能力，协调沟通能力，社会交往能力，高效平等的利用教育资源的能力，适应变化的能力等等。

4. 强调校长具有创新精神，有远见卓识，敢于打破常规，支持和参与学校改革，成为教育改革的促进者和实干家，不断地追求卓越。

5. 要求校长不断学习，善于接受信息，加强自我修炼，提高自我发展的水平。

上述各国对中小学校长素质的共同要求启示我们，作为现代社会的中小学校长，不仅要有职业道德品质和专业化的职业知识技能，还要有丰富的教育管理实践经验和卓越的教育领导能力，以及较强的创新能力、开拓能力、学习能力、研究能力等等。总之，应当是一个素质体系比较合理、比较全面的，能适应时代和社会变革要求的，适应教育改革和发展需要的新型校长。

第二节　我国中小学校长素质的进展与问题

中小学校长素质的形成与提高，主要是遵循校长成长的规律，通过学校培训和实践锻炼逐步实现的。改革开放以来，特别是"八五"期间，广大中小学校长，按照国家教委的统一规划和部署，普遍参加了各培训院校组织的岗位培训，自1989年开始到1995年，全国百万中小学校长中已有 80％达到岗位素质合格，到 1997 年底，全部完成岗位培训任务。中小学校长培训工作，已经取得巨大进展和阶段性成果，整个中小学校长队伍的素质有了很大改善。

具体分析这几年中小学校长素质的整体情况，对成绩基本可作如下概括。

一、我国中小学校长素质的进展

1. 广大中小学校长的教育思想观念有进一步的转变和更新。

贯彻教育方针政策的自觉性得到加强，对基础教育的性质任务有了较深刻的认识和理解。有愈来愈多的校长把办学的兴奋点和注意力逐渐转到面向全体学生和素质教育的轨道上来。

2. 广大中小学校长的领导水平和实际工作能力有明显提高。

能比较自觉地运用现代教育理论分析和解决各种问题，在制订学校发展规划，提高学校教育质量以及加强师资队伍建设方面，加快了从经验型向科学型的转化。

3. 广大中小学校长依法治校的观念有所加强。

学法、用法、守法的自觉性有一定的提高，开始学会运用法律、法规武器，规范和加强学校管理，维护学校师生员工的合法权益。

4. 广大中小学校长的改革意识和科研意识有进一步的加强。不少校长已不满足于维护学校的正常运转，而开始思考通过改革和科研开拓学校的新路。

5. 中小学校长的敬业爱岗精神和奉献精神得到普遍提高。

二、存在的主要问题及原因分析

我们在看到校长素质提高的同时，也应看到存在的问题，这些问题主要表现在：

1. 一些校长政治思想素养不高。

反映在政治信仰上不够坚定，或是观点模糊。大连市调查 50 名校长，对"我国现在是在共产党领导下搞资本主义"这个观点怎么看？回答是同意此观点的占 10%，还有几个人说不清楚。对人生观进行判断，同意奉献的占 63%，同意公私兼顾的占 30%。对片面追求升学率怎么认识，有不少校长表示明知不对也要片面追求升学率。长春市调查显示，有 48% 的校长至今没有转变教育观念，对实施素质教育认识不高。还有的校长缺少政策法规意识，在工作中独断专行，有违法违纪行为。

2. 一些学校的校长领导能力偏低，存在学校管理流于形式的现象。

大多数学校有明确的常规管理要求，学校工作也能正常运转，但往往局限在制订各项规章制度上，对这些规章制度的认识也缺乏经常性的检查、督促，有些地方还形成不了具有特色的优良校风与校规。我们认为常规管理是需要的，是学校管理的基础，但仅仅停留在常规管理上，只能使学校从不稳定状态走向稳定状态，而不能使学校从稳定状态向个性化特色学校发展，也不能使师生从被动管理的状态走向更高的自觉行为状态。学校管理如果只是自上而下的规章制度管理，而不调动教师的积极性及主人翁责任感，不实行"全员管理"，是难以提高管理效益的。

3. 领导班子年龄结构不合理，年龄老化。

普遍存在"两头大中间小"的问题，即一把手老的多，新上岗的副职小的多，中青年校长比较少。一些资料统计，许多学校将有 60%－70% 的校长要离岗。如果对这个问题不重视，不及早采取措施解决，将会造成校长队伍断层，出现青黄不接的局面。而且会在可预见的未来出现难以弥补的校长队伍的断裂层，给教育发展和教育改革带来难以估计的损失。

4. 有高素质的、知名度的校长较少。

在全国像陶行知、魏书生那样有名的教育理论家和实践家极少，即使是小有名气的校长也为数不多。教育事业的兴旺发达常常是以一代高质量、高素质的校长不断涌现为标志的，在这方面，从现状来看，我们的认识和培养工作远远滞后于教育实践的发展。

5. 一些校长的教育理论功底较薄弱。

由于校长的教育理论功底较薄弱，导致教育思想不够活跃，现在中小学对上级布置的任务只能勤勤恳恳地完成，而不能结合学校实际，进行开创性工作，这是教育改革难以深化的主要障碍之一。究其原因，主要是校长的理论教育功底较薄弱，教育思想不够活跃。校长由于缺乏理论功底，立足点就不高，看问题往往目光狭窄，想问题往往缺乏深度，解决问题也往往因循守旧，缺乏创见；学别人的经验也容易照抄照搬，就不能"集众之长，为己所用"，难以"青出于蓝，胜人一筹"。有些校长虽然经过区、市（县）一级的培训，学到一些基本的教育理论和管理知识，但是回到学校后，忙于事务，要安下心来读点书，研究点问题，把学到的知识应用于实际，又苦于精力不够。对国内外的教改信息知道得少，对有关经济、文化、科技方面的新成就缺乏足够的了解，无法把握这些方面的发展趋势。学校管理首先是教育思想的管理，如果校长自己的教育思想不端正，教育观念陈旧，就难以转变全体教师的教育思想和教育、教学观念。有些校长有较长期的工作经历，也积累了一些经验，但是由于缺乏理论素养，无法把这些经验上升到理论上来认识，因此就难以步入新的境界，走上一个新的台阶。如果校长队伍不解决这些问题，就谈不上办一流学校，出一流质量。

第三节　农村中小学校长的必备素质

农村中小学校长的素质如何，关系到农村教师的素质如何，更关系到学生的素质如何，这是不争的事实。因此，在农村实行素质教育的关键是要造就一批高素质的、能迎接新世纪挑战的新型校长。只有这样的素质教育才不至于纸上谈兵。那么在当前教育改革和发展形势下，农村中小学校长应该具备些什么样的素质呢？

一、提升农村中小学校长素质的论据

（一）我国社会、经济和文化发展对校长素质的要求我国国民经济和社会发展"十二五"计划和2010年远景目标纲要明确提出了实现经济体制和经济增长方式"两个根本转变"的战略目标，同时确定了实施"科教兴国"和"可持续发展"两大发展战略。与经济和社会发展相适应，党中央和国务院制定了《中长期教育改革发展规划纲要》，明确了本世纪末至下世纪初的教育改革和发展的战略、目标和任务。要求教育工作坚持"面向现代化、面向世界、面向未来"的战略方针，实现全面适应现代化建设对各类人才培养的需求，全面提高办学质量和效益的两个重要转变。要实现这两个重要转变，就必须办好学校。不言而喻，校长具备领导学校适应两个重要转变的素质是办好学校的关键。

（二）我国教育改革和发展对农村中小学校长提出的挑战与要求

1. 校长要从管理学校转向领导学校

传统的中小学校长主要是管理学校，现在和将来的校长不仅是学校的管理者，更应该是学校的领导者。校长的领导对于学校的成功是关键性的。处于领导和管理岗位上的人，现在和将来都必须展示能保证他们在岗位上有效行使权利的能力。面临复杂多变的环境和组织竞争等因素的挑战，面对21世纪，应该为校长在专业知识、管理技能方面奠定良好的基础，使校长具有战略眼光，能认识周围环境，学会积极管理、善于沟通思想，善于开发人力资源等。校长手里不应该拿着鞭子，而应该举着旗帜，走在前面。

2. 校长要从传统教育向创新教育转变

21世纪，人类将进入知识经济的新时代，知识经济是以知识为基础，以高科技为先导，以民族创新能力为核心的一种新型经济。国家经济的发展主要取决于智力资源的占有、配置和开发利用。知识经济时代的教育是全面提高人的素质，开发人才智力资源的教育，教育的核心是培养人的创造性思维和创造能力。创新是知识经济的灵魂，也是教育的灵魂。以传授知识为主的传统教育必将被创新式的现代教育所替代。面对创新教育的竞争，校长必须具有开拓创新的精神和能力，不断地超越自己和他人，满足现状和停滞不前就是失败。

3. 校长要从自我封闭转向自我发展、适应变革

现代社会发展迅速、变化万千，故步自封、因循守旧的校长已经不能适应时代的要求。现代教育要求校长不断学习，加强自我修炼，从思想、观念、知识、技能和心理素养等方面适应时代的变革和科技发展的要求。美国哈佛大学校长活动中心在其指导思想中，明确指出："校长是学校的质量和效益的关键"。并且强调指出："校长的角色，校长的工作性质和学校的环境正处在迅速变化之中，变得越来越复杂，问题越来越多"；"校长需要有机会进修，和就职前一样，校长也有个人发展和专业发展的需要，和其他专业人员一样，校长也应终身学习"。从一定意义上来说，校长的自我发展水平决定着学校教育的发展水平。校长素质的竞争，实质上是学校办学质量和效益的竞争。只有高素质、现代化的校长才能办出高质量、现代化的学校。

（三）我国农村中小学教师、学生及家长对校长的希望和要求

1. 农村中小学校长要有坚定的教育信念

信念是一种崇高的思想，一种对人生理想目标的追求。农村中小学校长要善于在对事业的执著追求过程中逐步培养自己崇高的教育信念。首先要正确认识教育理想，当前特别要正确认识素质教育。其次要培养自己对教育理想目标的信心。信念使农村中小学校长能够全面深刻认识和全面把握基础教育的性质和任务，构建面向 21 世纪的办学新模式，以全面深化素质教育，积极推进教育现代化工程，培养出具有现代人的基本素质的新型人才，成为未来社会发展的积极推进者。

2. 农村中小学校长要取得对教学的统驭权

教学是学校工作的中心，是学校的主要工作内容。学校就是一个以教学为中心层层展开的有机系统。作为农村中小学校最高管理者的校长，必须牵住教学工作这个牛鼻子，取得教学的统驭权，才能有序高

效地管理好整个学校。统：一要统在思想。任何人的任何教育行为都自觉不自觉地受到一定教育思想、教育观念的支配或影响。校长"对学校的领导，首先是教学思想的领导"（苏霍姆林斯基语）；二要统在民主。农村中小学校长要坚持教学民主，善于集中教师的智慧，总结教师的教学经验，提炼上升为理论认识，丰富自己的教学思想。农村中小学校长还要善于把自己的教学思想转化为教师的教学指导思想，转化为教师的教学实践。驭：一要驭在科学。农村中小学校长只有提高教学管理的科学性才能提高其有效性，提高管理水平。二要驭在规律。农村中小学校长统驭教学必须坚持"两个基本规律"和"三个第一的观点"。两条基本规律是：育人为本的规律；教学为主的规律。三个第一的观点是：教学质量是教学管理第一目标的观点；教师是教学活动第一要素的观点；教学科研是教学活动第一生产力的观点。

3. 农村中小学校长要关心学校与家庭、社会的关系

农村中小学校长要关心社会的需求，要研究社会需要什么样的学校，需要什么样的人才，这是学校制订目标、改革教育的客观依据，学校只有适应社会，才能生存发展。同时，学校要培养新世纪的合格人才，一定要把目标转向家庭，十分关心家庭如何教育孩子，并指导家长正确教育孩子，要求家长与学校配合，以达到学校教育与家庭教育的和谐统一。

二、农村中小学校长的必备素质

（一）农村中小学校长素质的含义

农村中小学校长的素质是指中小学校长在一定时间、空间条件下，对学校实施领导的知识、才能、品格、作风的总和。它包含三层意思：一是校长作为社会公民的基本素质；二是校长作为教育者所具备的教师素质；三是校长作为管理者所具备的管理者素质。中小学校长个体是社会的一分子，必须具备一般公民应具备的基本素质，这是中小学校长素质的共性；作为教育工作者，中小学校长群体又具有鲜明的教

师职业特点。但是校长并非是普通教师，其所处地位、所承担的责任、所拥有的权利决定了他必须具有学校管理者具备的特殊素质，这是校长素质的个性。中小学校长素质的个性，我们称之为中小学校长的职业素质。

（二）农村中小学校长素质的主要内容

农村中小学校长应具备什么样的素质，这不仅关系到校长自身的地位和声望，而且直接关系到学校的办学质量和效益，影响到一所学校师生的整体水平和整体形象。培养高素质的校长是时代的要求和教育发展的呼唤。校长素质的内容包括哪些呢？概而言之，是由生理素质、心理素质和社会文化素质几个方面构成的。我国学者自上世纪80年代以来，曾对校长素质的结构作过一些研究，其成果比较集中反映在国家教委颁发的《全国中小学校长任职条件和岗位要求（试行）》中，这个文件，对校长素质的内容主要概括为四个方面，即政治思想道德素质、岗位知识素质、岗位能力素质和个性心理素质。

1. 政治思想道德素质

政治思想道德素质是农村中小学校长应具备的首要素质。农村中小学校长是学校一切活动的领导者和管理者，有良好的政治思想道德，直接影响和决定学校的发展方向和前途。政治思想道德素质包括三个方面：一是教育思想，即办学的指导思想、教育观念和教育理论。教育改革首先是教育思想的改革。农村中小学校长的教育观念是否有了更新，占有的教育理论是否先进，是直接关系办学的政治取向问题的。我国目前正处在社会主义初级阶段，现阶段的中心政治任务就是加速社会主义现代化建设。农村中小学校长作为办学方向的掌舵人，必须讲政治，讲理想，具有坚定的政治信念，而这一切都集中体现在执行党的基本路线和全面贯彻教育方针、政策、法规上，要全力落实好培养社会主义现代化所需要的建设者和接班人的任务，坚决反对和纠正一切违背教育规律的"应试教育"倾向。二是道德修养。农村中小学校长的道德修养是制约校长行为的主要条件，是在群体中产生凝聚力的基础。在面向 21 世纪，市场经济的条件下，农村中小学校长应具有高尚的职业道德。要做到：工作，实事求是，尽职尽责，不谋私利，不图虚名；办事，光明磊落，坚持原则，不搞特殊，不阳奉阴违；待人，心地坦诚，彼此尊重，不虚情假意；作风，民主谦逊，深入群众，以身作则，勇于开展批评与自我批评。三是奉献精神。奉献精神是事业心和责任感的体现。党和人民把学校交付给校长，既是对校长的莫大信任，也是对他的考验。作为农村中小学校长必须以事业为重，不计较个人得失，胸怀大目标，生命不息，奋斗不止。必须认真履行职责，团结依靠教职工，千方百计把学校办好。不仅要全力以赴做好当前工作，而且要面向 21 世纪，构制学校发展的蓝图；不仅要抓好常规工作，而且要有新的创造和建树。

此外，农村中小学校长应当具有如下几种意识：

（1）责任意识。

农村中小学校长是一个学校的领导者、管理者和教育者，他肩负着教育和管理的双重任务。目前来看，农村中小学办学条件差，并且各方面发展都远远比不上城镇，尤其是一些欠发达地区的中小学，无论是教学设备还是教师技能都很落后，还面临着上级、村委会和家长的三重压力。因此农村中小学校长应甘于奉献、恪尽职守、率先垂范，吃苦在先享乐在后，切实做到忧学校之忧，解学校之难，挑学校之担，具有强烈的事业心和责任感，敢于面对困难，做好为教育事业献身的决心。一个没有责任心的校长何谈建立特色学校？只有把自己的心踏踏实实地扎根于农村，切实为农村里的孩子着想，才能为这些孩子们创造出良好的学习和生活环境，使他们成长为国家的栋梁。

（2）原则意识。

无规矩不成方圆，作为一方领导，为人处世有原则才能取得教师和家长的认可，获得上级的支持。农村中小学校长首先要以身作则，严于律己。只有真心实意地为教师办事，农村中小学校长的工作才会得到大家的支持，以诚待人，必能以诚待己；其次，校长为人处世要公平公正。农村中小学校长是学校的代表，他的一举一动都被数十双甚至数百双眼睛看着。所以，校长要坚持"公平、公正、公开"的原则，保证"有作为，才有成果"，这样才能树立良好的校风，才能在教师心中立下威信。再者，农村中小学校长要敢于坚持自己的立场，不能随波逐流，人云亦云，更不能做随风倒的墙头草。

（3）团结意识。

在对几所农村中小学的走访、调查中发现，目前农村中小学师资队伍薄弱，可利用的社区资源较少，学生可参加的社会实践活动有限，农村中小学的发展可谓是势单力薄。这就是说农村中小学校长应特别注重调动一切可以调动的资源，团结一切可以团结的力量，鼓励教师积极参加科研活动，努力提高自身素质。此外，校长要知人善任，大胆培养，放手用人，在工作中主动为具有特长的教师搭起展示才华的平台，从而最大限度地发挥教师的潜能。只有拥有良好的团结意识才能构建一个优秀和谐的教育团队！

（4）发展意识。

走访过程中发现，农村中小学的英语、音乐、美术、舞蹈、信息技术等课程与城镇中小学相比差距很大，这种环境下培养出来的学生很难适应新形势下的生活步调。与此同时，学校的骨干教师仅局限于语文、数学等传统学科，不利于学生的全面发展。作为教书育人的校长，尤其是发展相对落后的农村中小学校长更应该不断充电，在学习中不断完善自己，提升自己，才能带领全校师生共同进步。

（5）创新意识。

江泽民同志曾指出："创新是一个民族进步的灵魂，是一个国家兴旺发达的不竭动力。"同样学校也是如此，一个没有创新意识的校长会让学校止步不前，无法摆脱现状，何谈打造特色学校？农村中小学校长应该根据学校的实际情况，并在他人成功经验的基础上创出一套适合所在学校的育才方针和发展策略，才是创办农村特色中小学之基础。以创新为导向，将创新贯穿于学校的各个方面，如办学理念、管理制度、教师教学、教研活动、学生活动等，才能够突出农村学校的办学特色。

那么如何才能够创新？

第一是学习，只有在知识积累到一定程度才可能会有新的战术、新的策略，即量变是质变的基础。

第二是征求教师意见，博采众长，鼓励教师创新，因为教师是学校之根基，学校的力量之源，学校的发展之关键。

第三是借鉴其他学校的办学特色和创新经验，尤其是那些成功和有名气的学校，取其精华去其糟粕。

面对当前教育机制的转变，如深化素质教育，新课程改革等，农村中小学校长首先要做到领悟其内涵和实质，在此基础上要超前地、创造性地规划切实可行的教改方略，如制订目标，提出方案、利用教学工具和采取措施等。另外在实施中，坚持实事求是，忌形式主义；坚持以我为主，以创新为辅，决不生搬硬套，坚持走以学校特色向特色学校发展的办学道路。

2. 岗位知识素质

广博的知识是农村中小学校长成为教育行家和取得事业成功的条件。列宁说过："任何管理工作都需要有特殊的本领。有的人可以当一个最有能力的革命家和鼓动家，但完全不适合作一个管理人员。凡是熟悉社会生活、阅历丰富的人都知道，要管理就要内行，就要精通生产的一切条件，就要懂得现代高度的生产技术，就要有一定的科学修养，这就是我们无论如何都应当具备的条件。"学校是进行教育和传授知识的场所，校长的领导工作具有综合性的特点，校长要适应工作的需要，不仅需要有实践知识，而且需要有理性知识，不仅需要有基础知识，而且需要有专业知识。校长大都出身于优秀教师，作为跨世纪的校长，除了应具有教师学科专业知识结构之外，尤其要有广博的领导综合知识结构，若不这样，仅仅满足于教师的比较单一的知识结构，那是不能很好胜任工作的。农村中小学校长必须掌握好以下知识：

一是政治理论知识。农村中小学校长要学的政治理论知识主要是指马克思主义基本理论和建设有中国特色社会主义理论。这些理论是指导我们思想的理论基础和立国之本。农村中小学校长要努力武装自己的头脑，反对轻视政治理论学习的倾向。通过学习，理解和掌握马克思主义的基本原理，树立科学的世界观、人生观和价值观。努力用马克思主义的立场、观点和方法分析和解决教育实践中的问题，保证办学的社会主义方向。

二是教育政策法规知识。学习教育政策法规知识，是坚持社会主义办学方向和提高办学效益的根本保证。一个国家要振兴教育，必须实行依法治教。农村中小学校长要做到学法、懂法、用法，就要了解和掌握《教育法》《教师法》和《义务教育法》等的基本内容及有关法律基本知识。

三是教育学科与管理知识。教育学科和管理知识包括教育学、心理学和学校管理学等。农村中小学校长要成为出色的管理者和教学内行，必须要有较高的教育管理水平，精通一两门专业学科。只有了解社会主义教育管理的基本规律和特点，才能适应时代的发展需要，加速人才培养的进程。在当前，尤其应正确把握面向 21 世纪基础教育发展的新特点，诸如人才培养要从单一型转向复合型，办学模式要由传统走向现代，教学目标要由偏重知识转为以能力培养为重点等，这样农村中小学校长办学才能做到视野宽广、起点高，才能有所作为。只有这样才能在教学工作中给教师当好老师。最后，农村中小学校长还应具有宽广的知识面，善于涉略各方面的知识。这些知识不仅能够提高校长自身的内涵和品位，还是创办校园特色文化之所在。

3. 岗位能力素质

能力是人完成某种活动所必备的个性心理特征，它常常是由知识转化而成的本领。农村中小学校长的能力是提高工作效率的条件，团结群众的保证和自我发展的阶梯。农村中小学校长应具有的主要工作能力：

一是决策能力。学校决策涉及到办学目标的确定，干部的选拔和任用，教育教学问题的处理以及资金、校产的管理使用等各方面。农村中小学校长要提高决策能力，必须注意掌握信息，抓准时机，果断行事，从上情与下情的结合中突出决策的创造性；从现实与未来的结合中，讲求决策的突破性；从外因与内因的结合中拓宽决策的开放性。

二是组织协调能力。组织协调能力是指组织指挥和调节人际关系方面所表现出的能力。农村中小学校长要具有这种能力，必须凭借行政手段和教育行政法规等，规范教职工的行为，调动他们的积极性；必须因势利导调节人与人、人与组织之间的各种认识分歧、工作纠纷和利益冲突；必须善于处理上级、同级、下级之间的关系，使人们心往一处想，劲往一处使。

三是改革创新能力。改革是当今时代的主题，是教育事业发展的动力。唯有改革，学校发展才有希望。作为新时期的校长没有新思维是不行的，要干一番事业，必须跳出本校看本校，不能光守业而不去创业。要改革，农村中小学校长就要有战略头脑，敢于打破传统的思维定势，勇于进行探索、开拓创新。就是能够以自己的远见卓识提出独到而新颖的办学思想；能够以先进的教育理论变革传统的教育思想和现实教育存在的弊端；能够以本校的办学优势，设计改革实验方案，进行探索性的教育实践。

此外，一位杰出的农村中小学校长还应当具有敏锐的观察能力、正确的表达能力，思维具有预见性、创造性，能够知人善任，妥善分析和解决纷繁复杂的问题。农村中小学校长对任何一件事情，要能够进行正确的分析和判断，包括对它的所属类型、主次利弊、轻重缓急等进行准确的权衡。只有对事情进行了有效的分析，才能提出若干相应的方案，之后广泛征求大家的意见，集思广益，敢于决断，做出合理的决策。农村中小学校长应将做出的决策分为近期目标和长远目标，确保计划的可行性，并且要保证任务落实到具体的对象，然后在实践中逐渐发现问题、分析问题、解决问题。除此之外，农村中小学校长必须要具备组织教学、组织课外活动等能力，即组织能力，否则学校就如同一盘散沙，这也是学校具有高凝聚力的前提。

4. 个性心理素质

良好的个性心理素质，是校长积极进取的动力源泉。学校能否办出特色，形成独特的风格，是与校长的个性发展直接有关的。在充满竞争和挑战的形势下，教育的发展既有成功的机遇，也有失败的可能。这就要求校长必须具有很强的应变能力，具有良好的个性心理。能在实践中提高自己顽强、乐观、自信的品质；磨炼不畏艰难和承受挫折的意志；培养果断处事的魄力和沉着冷静的气质。农村中小学校长要着重培养的心理素质有：

一是健康的情感。健康的情感具有动力和调节功能。农村中小学校长情感的培养，重在对学校发展目标充满信心，并能以巨大的热情为之奋斗；能够以诚待人，善于协商，勤于协调，三分含情，七分叙理；能够秉公办事，坚持原则，严于律己，不感情用事。

二是坚强的意志。学校工作每前进一步，都是对校长意志的考验。农村中小学校长要有良好的意志品质，需要从自身做起，日积月累，长期磨炼。在日常生活中，能注意养成工作的自觉性和有始有终的好习惯；在处理复杂问题时，能做到机智灵活，足智多谋；在遇到困难和挫折时，能挺身而出，不犹豫动摇；在面临名利诱惑时，能控制欲望，不为名利所动。

三是积极进取的性格。农村中小学校长的性格特征是其个性特点的集中表现。这种心理风格，对学校的发展有很大影响，如有的农村中小学校长性格内向，懦弱，不善交际，这就使学校办学缺少活力。

四是要有合作精神。21世纪是注重全球合作精神的世纪，农村中小学校长要着眼于塑造合格的农村村民，积极培养有合作意识和合作能力的、能够在岗位上和社会生活中与人密切合作，而且应该有同情心和博大的胸怀，做到关心他人，热爱集体，热爱国家的人。

经验告诉我们，一个好的校长应该有豁达开朗的性格，有凝聚人心的人格魅力。这样才有利于团结共事，减少内耗，共创事业。农村中小学校长要培养自己的良好性格，关键要有自知之明，能经常反思，正确评价自己，有针对性地加强修养。再就是要注意在工作中发挥非权利性影响力和开拓进取精神，通过实践不断提高丰富和发展自己的性格。

5. 工作作风方面

农村中小学校长的工作作风与其个人形象和全校教职员工的工作积极性密切相关，良好的工作作风有利于形成独特的人格魅力，使得全校教职员工紧密围绕在校长周围，努力工作，因此，我们在工作作风方面，对农村中小学校长提出如下几方面要求：

一是要密切联系群众。农村中小学生多数是留守儿童，大多数孩子与祖辈生活在一起，直接后果就是家庭教育的缺失，作为中小学校长要密切联系教师，掌握学生动态，解决相关问题。

二是要将教育理论与实际相结合。我国每年都要对农村中小学校长进行培训，但作为农村中小学校长不应当视培训为儿戏，应当认真学习教育管理理论，将理论与实践相结合，与农村学校特定的条件相结合，与农村的大环境相结合。

三是要具有批评和自我批评的精神。批评和自我批评对于农村中小学校长的工作至关重要，在校长角色和职能逐渐转型的今天，校长的工作面临着极大的挑战，农村中小学校长在改革管理体制的过程中更会遇到前所未有的困难，但我们不能抱有畏难情绪，面对问题，应当及时进行自我反思，逐步改进，直至获得成功。

四是要有高度的民主作风。农村中小学校长是学校的领路人，而农村中小学的广大教师应当是农村中小学的主人，对于奋斗在教学一线的教师们，校长应当充分重视他们的意见和建议，对于好的意见及时研究和采纳，对于负面意见要进行反思，弄清导致负面意见的原因，并进行逐步优化。

五是要处处以身作则。作为农村中小学校长，其本身应当是教学骨干，要想时刻把握学生的思想动态和教师的教学动态，就要走进课堂，亲自观察和研究。要能够体会教师的难处，了解学生的问题。

六是要任劳任怨、爱校如家。所谓领导，既是领袖，又是导师，校长是一个学校的领袖，也是全校学生的老师，他的办学思想指引着全体教师奋斗的方向，他的人格魅力，是全体学生学习的楷模，这是一个光荣的职业，也是一份伟大的事业，作为农村中小学校长，应当意识到自己重任在肩，将学校视为自己的家，将事业视为自己的生命，不仅是对自己负责，也是对祖国的基础教育事业负责。

七是要实事求是。农村中小学校长要坚持实事求是的工作作风，尤其是在参与考评和面对上级单位检查的过程中应当将真实的工作状态汇报给上级领导，而不应大搞形象工程、面子工程，甚至文过饰非。

6. 身体素质

农村中小学校长的工作纷繁复杂，工作压力大，因此应当以良好的身体素质作为保障，才能够坚持不懈奋斗在工作岗位上。具体体现为：要有强健的体魄、充沛的精力、饱满的精神、端庄的仪表、合理的生活规律等等。

第二章　农村中小学校长的管理艺术

　　长期以来，农村中小学教育似乎都是与滞后联系在一起的。因此，在追求教育均衡发展的新形势下，教育的着力点也就当然地集中于农村中小学教育，集中于解决农村教育中面临的根本问题。农村中小学师资、生源和办学经费问题是制约当前农村中小学发展的关键。

　　面对这些问题，政府已采取了一系列有针对性的措施，但毕竟农村地区人口基数过大，经济发展水平不高，完全依靠政府肯定无法在短期内解决这些问题，因此，提高学校的办学效能，无疑将是促进农村中小学快速发展的重要手段，而学校效能能否得到提高，关键在于是否拥有一位具有教育管理艺术的校长。

第一节　校长负责制下的分权

　　校长负责制赋予校长更多的权力，为校长集权管理打开了方便之门，提高了校长管理工作的效率，增强了校长工作的责任心。然而，在这种管理体制下，监督机制往往是形同虚设，有些农村中小学校长滥用职权，以权谋私，损害了学校的利益。

　　农村中小学校长负责制自 1985 年开始实施，至今已运行多年。此种管理制度赋予校长神圣的权力，它让校长可以放开自己的手脚、突破重重阻力、充分施展自己的才华、精力充沛地去实现学校利益最大化。然而，近几年，它的弊端日益突显，有些农村中小学校长将所有权力不分大小，一揽到底、为所欲为、以权谋私，使学校利益蒙受重大损失。其实，校长负责制是以校长为主要法人的集体领导制度，不是校长搞一言堂、家长制，校长权力过大、过多，缺乏监督机制，必将导致校长权力泛滥、失控。虽说校长是一个学校内的最高行政长官，但是如果校长揽权推责、以权谋私，那么就必将失去民心，内忧外患，四面楚歌，既毁了学校，又害了自己。因此，农村中小学校长必须下放权力，实行分权管理。分权管理使学校管理者人人手中有权力，个个肩上有责任，有效发挥智囊团的作用，克服校长个人知识及经验的局限性。我国古代教育家韩非子曾说："下君尽己之能，中君尽人之力，上君尽人之智。"例如，一位企业家在做报告，有位听众问："你在事业上取得了巨大的成功，请问，对你来说，最重要的是什么？"企业家没有直接回答，而是拿起粉笔在黑板上画了一个圈，只是并没有画圆满，留下一个缺口，然后反问道："这是什么？""零"，"圈"，"未完成的事业"，"成功"，台下的听众七嘴八舌地回答。他对这些回答未置可否："其实，这只是一个未画完整的句号。你们问我为什么会取得辉煌的业绩，道理很简单：我不会把事情做得很圆满，就像画个句号，一定要留个缺口，让我的下属去填满它。"

留个缺口给他人，并不说明自己的能力不强。实际上，这是一种管理的智慧，是一种更高层次上带有全局性的圆满。校长要留个缺口给别人，必须放权、放手、放心。分权管理有别于有责无权的分工管理：分权管理让人感到是在为自己做事，分工管理是校长强制的，有为校长做事之嫌，因此，分权管理增强了管理者的工作主动性和责任心。但是，分权管理不是不要集权管理，更不是取消了校长负责制，相反，分权管理对校长的要求更高了，它要求校长具有高超的调控能力和杰出的凝聚能力。学校采用了这种管理模式，能够充分唤起了所有教职工的工作热情和积极性。农村中小学校长不是一个人在台上演独角戏，其他干部也不是在台下观看，该校领导班子精诚团结、爱校如家、各司其职、各尽其责。

一、在思想上解决放与不放的问题

权力过于集中，农村中小学校长事必亲力亲为，这只会使自己陷于各种大大小小的繁琐事务中而无法自拔。这对于校长来说不仅是一种负担，且会影响学校的发展。而反之，如果把这些繁杂的事情分解交予学校的中层领导来做，这不仅减轻了校长的负担，且会使校长在校务管理中做到游刃有余，来去自如。所以在对中层干部的放权问题上首先要舍得放，且必须放。在放权的过程中应当坚持三个原则：

1. "用人之长补己之短"。

农村中小学校长是学校教师的"领头羊"，是学校各项工作的第一责任人。同时，校长也是教师队伍中普通的一员，不可能十全十美，也有自身的缺点与不足。因此，校长需要"用人之长补己之短"。这样，一方面可以发挥中层干部的特长，发掘中层干部的潜能，取长补短，使领导班子更有战斗力和创造力，工作更有成效；另一方面，校长给予中层干部施展才华的舞台，英雄有用武之地，可以激发中层干部的工作积极性，也增强了领导班子的凝聚力。校长要做到取他人之长补己之短，首先务必做到知己知彼。校长要有冷静的头脑，清醒认识自身的缺点与存在的不足。对中层干部也要从多方位、多角度深入了解，善于发现中层干部身上的闪光点以及其身上蕴藏着的潜力。其次，校长要发挥中层干部的长处，还需要做一个有心人，本着谦虚、好学的精神，学习中层干部的优点和长处，不断提高个人的综合素质，这样也能给大家留下一个谦虚好学的好校长形象。

2. "放权"但"不弃权"。

农村中小学校长放权不是为了解脱自己，图个人的轻松自在，对学校工作撒手不管，而是为了充分发挥中层干部力量，调动中层干部的工作主动性和积极性。因此，校长放权给中层干部绝对不可以对学校工作放手。

校长担负着学校发展的重任，承载着学校师生共同成长的重要使命。校长任重道远，校长只有"不弃权"才不会改变"放权"的初衷，才能牢固把握学校正确的办学方向，引领学校师生共同成长和学校的可持续性发展。要做到这一点，首先，校长要站高看远，胸怀大局，工作思路清晰，对学校发展有近期和长远规划，对学校管理的各个环节做到胸有成竹。其次，校长应深入基层，倾听一线教师的意见或建议，关注学校的管理细节，并对中层干部适时点拨、指导，严防学校的管理漏洞。再次，校长要定期对中层干部的工作情况进行总结，肯定他们的工作成绩，指出存在的不足，并统筹安排下阶段学校工作计划，调控好学校工作大局。

3. 把握"一支笔"。

农村中小学校长放权不是毫无保留地将手中的权力任意分配给中层干部支配使用，而是应该善于放权，根据学校和中层干部的实际，科学合理地下放权力。校长放权时务必对手中的权力有所保留，以确保自己决策的执行力。为此，校长在学校管理中必须坚持"一支笔"签字的原则，一方面能够保证校长在学校领导班子中绝对的核心地位，不会因为放权而被架空，让自己的校长岗位有名无实、形同虚设；另一方面能够使校长牢固掌控学校管理大局，有效地防止中层干部在学校管理中出现疏忽给学校造成损失，或者是造成学校管理的混乱等等。要做好这一点，校长要以身作则，依法行使"一支笔"签字权力，做到公正、公平、公开、合法，让全体教师心服口服，确保学校管理工作有条不紊。

二、放权要做到"以人为本"

"以人为本"已经成为时代发展的最高准则，学校中层干部的任用也是如此。所以农村中小学校长应充分发挥他们的积极性、主动性、创造性，要"尽其才能，展其才华"。

1. 在"以人为本"上，农村中小学校长应做到"用人不疑，疑人不用"。

信任是相互的，校长与中层领导干部也是如此，校长要给中层干部充分的信任。一旦选择了担当重任的人选，就要相信对方能够承担起相应的责任，给其一颗定心丸，使其充分发挥自己的才能，放手大胆地去做。

2. 在"以人为本"的基础上，农村中小学校长应努力维护中层干部的威信。

"威信"是领导干部工作顺利开展的重要保证，个人威信的提高有助于正确使用和扩张职务权力。因此，作为校长应该努力维护中层领导干部的"威信"。首先，农村中小学校长应尊重中层领导干部行使自己的权利，特别是他们已经表态的事，就按表态的办，不妥之处，农村中小学校长不要在公开场合谈论，更不能当众责备，应在下面同其本人交换意见，统一认识后，由他本人去纠正。其次，农村中小学校长应用欣赏的眼光看待中层领导，要多在公共场合表扬中层领导的优点，这样既可树立其威信，也能充分调动中层干部工作的积极性。

3. 在"以人为本"的基础上，农村中小学校长还应做到在授权中要"权责对等，责任明确"。

权力和责任的对等是放权的重要原则，只有做到权责统一才能充分发挥中层领导干部的主观能动性，调动中层干部的积极性，增强中层干部的责任心，使其智慧和才能得以充分发挥。所以，农村中小学校长要善于根据学校的实际情况，针对不同岗位、不同时期及个人的工作特点，科学划分并最大限度地将权力下放，给中层干部的工作创造宽松的环境，让他们放手干，这样既做到了明确分工、落实责任，又给其与责任相应的权力，使其充分利用自己的权力，施展自己的才能，出色地完成自己的任务。

三、做好放权后的监管

放权了，是不是农村中小学校长就把责任推给下属，自己就没事了呢？实际上，要保证学校工作按照计划进行，校长还需要在放权的过程中检查防范，决不能完全撒手不管。即在放权的同时要保留知情权和相关的控制权，要对其权力的使用情况进行监管，这样才能及时发现下属在履行职责时的偏差和问题，并及时修正与控制。

1. 放权后，农村中小学校长应首先与中层领导干部一起确定检查的时间点，督促其有时间、有准备地接受检查。

2. 在检查前农村中小学校长应时常与中层领导干部进行沟通，了解其工作的进展情况，在必要时提供指导，以保证其工作的顺利开展。

3. 在检查时要以督促为目的，以工作的落实情况为重点，要放下自己的控制权，让其真正拥有权力并深感对此的责任，决不能以自己的权力来束缚下属的手脚。

四、做好评价，构建激励机制

激励机制是现代管理中的重要管理方法。科学公正的评价是对中层领导干部工作业绩及权力使用情况的最好证明，是中层领导干部工作实绩的最好体现，更是农村中小学校长用好中层干部必不可少的激励方法。为此，校长应努力做好以下几点：

1. 要制订完善的中层领导干部的考核制度，使考核做到有法可依、有章可循；

2. 要做到奖惩分明，对工作有创新、成绩突出的中层领导给予物质与精神奖励，对工作搞不好的领导，要帮助他们找出问题的症结所在。是努力不够、方法不妥，还是作风不正，轻者限期改正，重者妥善转岗。

3. 在中层干部的人事任用上要实行能者上、庸者下的办法，以此激活学校的用人机制。

五、完善制度，科学管理

一所现代化的学校，必须有配套完善的规章制度，才能符合现代科学管理要求，使学校管理走上正轨，避免管理工作的随意性和盲目性。分权管理后，各部门也制定了相应的规章制度，但所有的规章制度都不能与学校总的规章制度相冲突或相矛盾，而应是对学校总的规章制度进行细化或加强。一整套完善的规章制度建立起来后，人为化、人情化的成分越来越少，减少了干群之间的矛盾。然而，任何学校所制定的规章制度都不能保证绝对公平、合理，这就要求各部门的领导在执行过程中不能机械、刻板，应灵活对待，辅以"软性"管理，可以渗透"情"的因素，但不是做"和事佬"使规章制度形同虚设。制定规章制度的目的不是用它来约束人，而是给人行动准则，以便有章可循，按章办事。因此，分权管理完全可以运用"情"的因素，以情管人，以情服人，以情动人，使管理工作人性化、艺术化。

六、反思管理，追求完美

学校管理是千头万绪、动态发展的，再英明的领导也不可能预测到学校管理工作所有变化情况，为此，校长要求所有领导向曾子的"吾日三省吾身"学习，每日反思自己的管理，查疑纠偏、扬长补短，确保学校管理少出差错、不出差错，力求尽善尽美。

1. 反思管理是每位行政领导反思自己管理的得失，找到今后管理工作的重点和努力方向；

2. 所有行政领导互相反思管理，善意地指出对方管理工作中的不足之处，不能以此作为对别人的人身攻击；

3. 邀请热心教师对学校管理工作提出合理化建议，各部门再以此反思自己的管理。

校长在要求学校其他领导反思管理的同时，也对自己的管理工作进行反思：分权管理是否可行、高效？有没有比这种更好的管理模式？这种管理模式对学校的均衡发展和可持续发展是否有益？经过一系列的反思，他对学校管理工作又有了新的认识，提高了自己的管理水平。

分权管理仅仅是一种尝试，学校也不能缺少集权管理，还要发挥校长负责制的优势，防止权力分散后意见分歧、行动迟缓、效率低下，各校应因地制宜、因校制宜，灵活运用分权管理。"一个好校长，就是一所好学校。"只有好校长才能处理好集权管理与分权管理之间的关系，不独断专权，也只有好校长才能集思广益、统筹兼顾、知人善任、权宜应变、与时俱进。"管理有法，管无定法。"任何一种管理方法都不是万能的，只有多种方法综合运用、取长补短，才能劈波斩浪、得心应手，实现"无管之管"。

【经典案例】

A校长抓学校管理面面俱到，事必躬亲；部署工作既出思路，也出办法；发现教师在工作中出现了问题，找来分管领导和教师，分析问题产生的原因，提出解决问题的措施。由于这位校长品德高尚、能力突出、富有人格魅力，他的管理卓有成效，学校一直走在全市先进行列。

A校长退休后，B校长接任。B校长在学校管理中坚持抓大放小的原则，注重管宏观层面的事情；部署工作只出思路，不出办法；对教师在工作中出现的纰漏，只找分管领导，要求限期整改。在B校长宏观调控下，学校管理规范有序，各项工作有效运转，始终保持着全市领先水平。

后来，C从他校调来接任校长。C校长坚持每周召开一次行政办公会，要求中层领导各负其责，全力以赴抓好本职工作；对要做的工作只布置，不说思路，让中层领导根据实际情况自行解决，限期完成；对工作中出现的问题，只提醒分管领导，不做任何要求。在C校长任期内，学校不仅保持着全市领先水平，而且培养出多位能力突出、管理有方的中小学校长。

这三位校长的管理风格各不相同，但他们都使学校得到了健康有效的发展，取得了可喜的成绩。从这个角度来看，似乎都应给予肯定和倡导。如果从成本核算的角度分析，三位校长所取得的成效大致相同，但C校长投入最少，产出最大，特别是他培养出了一大批优秀的管理者，为学校可持续发展奠定了坚实的基础。

放权管理实际上是"有所不为有所为"。有所不为，就要将管理重心下移，进行放权、分权，充分发挥每个管理者的能动作用，凡是他们能做的事情校长都不做，校长只发挥自己在学校整体运行中的支持作用，而不是替代作用；有所为，就是要求提升管理质量，倡导每个管理者用心做每一件事情，而且不做则已，要做就做到无以复加的程度，做到研究精细、指导精确、成果精致。只有这样在可以不管或少管的地方少花时间和精力，在应管的地方全力以赴，学校管理才会健康和谐、高效地运转。

当然，农村中小学校长进行有效的分权与放权，并不意味着自己的权责被剥夺，相反是加强了校长的职能，使自己从日常繁琐的事务中抽身出来，集中精力与时间去做真正应该做的事情，比如学校战略的制订、教师的培训与安排、学校文化的培育等。而且分权和放权还能调动学校教职员工的积极性，自觉做好本来就该做好的事情，甚至可能做好不会做的事情，培养他们处理问题的能力，对学校更加有归属感，而不是像集权制下把所有的事情都推到校长那儿。

农村中小学校长要进行放权管理，应该对学校管理艺术作深入持久的探索，既要想方设法调动起教师参与学校管理的积极性、主动性和创造性，又要为学校的运作、发展建立起科学高效的运行机制；同时，校长还应是教育教学专家，应该关注课堂中每天发生的事情，关注教学研究的进展情况，从而准确把握教学发展的细微变化，真正成为教育教学思想的引领者，教师在专业成长的道路上能走多远，关键看校长能引领多远。评价一位校长好不好，最重要的是看他为学校留下了什么。

第二节　卓越的校长，从时间管理开始

时间能够创造奇迹。一个人的时间观念对他的工作具有至关重要的作用。我们只有把握好生命的每一分钟，才能把握理想的人生。能否科学地管理自己的时间、有效地利用时间是衡量每个管理者工作成效的重要标志之一。

班杰明是美国著名教育家。班杰明十分注重对时间的把握，他的"一分钟"故事已是家喻户晓，"一分钟"的时间理念更是深入人心。在实践中，他善于身体力行、以小见大，以实际行动来让人们体会，让其明白时间和效率的深刻道理。

管理学家说得好："一个学校管理得好坏，往往取决于校长的时间管理"。因此，校长应懂得："时间的管理，是最有效的管理。"作为校长一定要高度重视时间管理，只有这样才能真正出色地完成校长的使命。

不少校长常常感到无法管理好自己的时间：校内要处理的事多，校外要开的会多，还有填不完的表格统计，没完没了的检查、评比，每一个部门都可来指挥他，每一个人都可随时来找他。正是这些日常事务"偷走"了校长的时间，因而，校长的时间很容易变成属于别人的时间。

对于这个问题的解决，班杰明给出了答案："一分钟"理念。学校管理工作是如此繁杂和琐碎，作为校长，必须时刻清醒地认识到自己的任务和目标，并合理分配好自己的时间，这样才能有所成就。正如班杰明所说："只有把握好每一分钟，才能把握理想的人生。"

对于农村中小学校长来说，时间不仅是生命和金钱，而且是构成管理活动、实现学校发展目标不可或缺的资源，是他们的宝贵财富。农村中小学校长要争取主动，提高工作效率，就必须改变被动应付的局面为主动出击，认真管理好时间。

1. 农村中小学校长要善于把时间"化零为整"。

农村中小学校长的时间很容易切成小碎块，一天的时间表上往往安排着好多事情。有时，当按计划做事时，很可能会被突如其来的事情打断。这就需要校长想方设法集中好自己的时间，哪怕是形成一个很短的整块时间。尚未集中时，要尽快推开其他事情迅速集中，已经集中时，要当机立断避免其他事情的干扰，必要时可以关门办公，以避免整块时间被"蚕食"。

2. 农村中小学校长要有效利用"黄金时间"。

所谓黄金时间就是指比较清净，少有人干扰，心情较好、头脑比较清醒的一段时间。农村中小学校长要结合自身特点，养成良好的工作、学习、休息习惯，生活尽可能规律化，以便摸索出自己思维活动的生物钟，找到自己思维的黄金时间，从而利用这个精力最旺盛的时间去完成一些相对重要困难的工作，而把相对容易的工作安排到其他时间去做，以提高工作效率。

3. 农村中小学校长也要学会"忙里偷闲"。

农村中小学校长的工作往往很忙。一旦发现自己的时间被别人控制时，就要变被动为主动，学会忙里偷闲。每天尽力挤出一个小时或半个小时的"独处"时间，梳理自己的思维，学习一些新东西，思考一些新问题，从而使自己能把握住教育发展的方向，对学校的各项工作有一个清晰的思路。

能否科学地管理自己的时间、有效地利用时间是衡量每个管理者工作成效的重要标志之一。校长应发挥主观能动性，主宰自己的时间，在有限的时间内取得更大的管理效果。

一位向往成功的青年人渴望得到教育家班杰明的指点，在接到这个青年人的求教电话后，班杰明与那个青年人约好见面的时间和地点。等到那位青年人如约而至时，班杰明的房间门敞开着，眼前的景象让青年人颇感意外——班杰明的房间里乱七八糟、狼藉一片。没等青年人开口，班杰明招呼道："你看我这房间，太不整洁了，请你在门口等候一分钟，我收拾一下，你再进来吧。"班杰明一边说着一边就把房门关上了。过了不到一分钟的时间，班杰明又把房门打开，并热情地把青年人让进了客厅。这时，青年人的眼前又是另一番景象——房间里的一切已变得井然有序，而且有两杯刚刚倒好的红酒，在淡淡的香气里还漾着微波。可是，没等青年人把满腹的问题向班杰明讲出来，班杰明就非常客气地说："干杯，你可以走了。"青年人手持酒杯一下子愣住了，既尴尬又非常遗憾地说："可是，我……还没向您请教呢……""这些……难道还不够吗？"班杰明一边微笑着一边扫视着自己的房间，轻声细语地说，"你进来又一分钟了。""一分钟……一分钟……"青年人若有所思地说，"我懂了，您让我明白了一分钟的时间可以做许多事情，可以改变许多事情的深刻道理。"班杰明舒心地笑了。青年人把杯里的红酒一饮而尽，向班杰明连连道谢之后，开心地走了。其实在班杰明看来，只要把握好生命的每一分钟，也就把握了理想的人生。

这是一篇极具教育哲理的案例，故事道出了一分钟可能改变一切的道理。的确，时间对校长来说是非常重要的。正如案例中的教育家班杰明所说："只要把握好生命的每一分钟，也就把握了理想的人生。"事实就是如此，良好的时间观念是一个人成功的前提条件之一。而卓越校长的养成就要从有效的时间管理开始。

那么何谓时间管理？企业管理学对时间管理的定义很多，概括起来有以下几种：

第一种：时间管理就是对时间进行计划、监督和评估的过程。

第二种：时间管理是以效率、效果、效能为目的，在工作、生活中有目的地利用时间管理规则和技巧，合理有效地利用可支配的时间，通过计划保证各项事务完成的一系列管理活动。

第三种：时间管理就是对时间的运筹和控制，它具有让每一秒、每一分、每一小时、每一天都发挥最大效益和效率的能力。

第四种：时间管理的根本是明确价值观，是生命管理。

此外，时间管理是心理学研究的一个新的领域，心理学家认为：时间管理是个体在时间价值和意义认识的基础上，在活动和时间关系的监控和评价中所表现出来的心理和行为特征，是一种具有多层次多维度心理结构的人格特征。

企业管理和心理学研究理论对我们以校长为对象定义时间管理有重要的意义。我们可以将校长的时间管理定义为：个人或组织以时间为管理对象，对时间进行有效的监控、规划和评估的活动。从个体维度看，时间管理包括个体的时间价值观、时间规划、时间监控和评估的能力，对时间浪费现象的分析管理能力。从组织层面看，时间管理包括组织成员对个人时间的管理，和组织对员工的时间管理。

由此我们可知，农村中小学校长时间管理即是校长以时间为管理对象，对自身和学校时间进行有效规划、监控和评估的活动过程。目的是提高校长的时间利用率和有效性，提高学校的整体效能。

从农村中小学校长个体的维度看，农村中小学校长的时间管理可分为工作时间管理和业余时间管理。

从农村中小学校长职业角色看，农村中小学校长的时间管理可以包括校长自身的时间管理、学校在一定时间内的发展规划和对教师的时间管理。

所谓有效，就是单位时间内的产出效益。时间资源是不可再生的，不可逆转的。一所学校的时间管理体现着校长的思维方式和工作习惯，体现着校长的理想和人文情怀。一个好的校长必然是时间管理的高手，必定能够使自己和学校不断超越。

农村中小学校长怎样对自己的时间进行有效管理，提高工作、学习、生活的效率和品质，促进学校的快速发展？应从以下几方面入手：

一、做好时间规划管理

1. 以 3—5 年为单位的时间管理：战略管理。

农村中小学校长在一个学校工作，首先要制订好学校 3—5 年的发展规划。学校长期的发展规划就是学校的战略管理，就是描绘学校的共同愿景，就是明确学校的发展方向，就是农村中小学校长做正确的事。有了长远的发展规划，学校工作才有目标、有重点。方向明确就不会走弯路，就会减少资源和时间的浪费，高效地做无用的事是对时间最大的浪费。

2. 以年、月为单位的时间管理：目标管理。

有了长远规划，还要有年度规划、学期计划。其实，学校管理很有规律，一年两个学期，每学期大约 20 周。学期初做什么，学期中做什么，学期结束时做什么，都比较明确。甚至开学的第一周做什么，第二周做什么，都十分具体。就像农民种庄稼，什么时候种，什么时候收，四季分明，生产有序。把这些常规工作任务列成一个个目标，农村中小学校长抓住总纲，纲举目张。在年度计划中，关键是确定年度非常规工作，比如基建工程、重大庆典活动、突出学校发展的某项主题活动等，把这些重大活动分解到月，排出序时进度，分解到责任人。时间管理的基本原则是要事第一，在大目标下对要事进行提炼和分解。以年为单位的时间管理，可以节省很多时间，校长可以让自己的工作游刃有余，轻松自得。

3. 以月、周为单位的时间管理：任务管理。

以月、周为单位的时间管理就是把目标管理调整为任务管理，把工作目标分解为一个个任务。在一个月中，明确在一周中集中解决哪些事情，完成哪些任务，要有月工作计划、周工作安排。

4. 以日、时为单位的时间管理：效率管理。

效率管理就是单位时间内做得最多、最好、最有效的事。

（1）农村中小学校长的办公桌上，各种文件都要摆放有序，那些没有必要的文件及时清除、清理、归档。

（2）专注一件事，做事有始终。农村中小学校长处理每一件事都要有结果，不能留尾巴，不能拖泥带水，更不能留下后遗症，否则将把自己永远陷入事务中，更谈不上效率管理。

（3）及时做好事情的转换。校长每天都要面临很多事，一件事结束后会接着另一件事，农村中小学校长要学会快速转换思维，锻炼自己在不同的事之间迅速切换的本领。

（4）借助信息技术管理工作。电脑、网络等现代信息技术的应用大大提高了工作效率，农村中小学校长要学会使用现代办公系统，高效地工作。

（5）锻炼高效工作的技能。农村中小学校长要在时、分上训练自己的工作效率，如每天的读书、阅报、处理文件等。

二、做好会议时间管理

会议是农村中小学管理的重要环节，是农村中小学决策、计划、总结、反馈、落实任务的重要渠道和手段。可以说，农村中小学会议的质量决定着学校发展的速度，决定着农村中小学的办学品位，但会议也是浪费时间的重大因素，校长要从会议的时间管理和提高会议效率入手强化学校管理，也将自己从文山会海中解放出来。

1. 要明确会议制度。

学校的会议正常有农村中小学校长办公会、全体教职工会议、行政会议、教职工代表大会，以及教学工作、班主任工作等专题会议。学校的会议制度应当是明确具体、科学规范的，每次会议的召集人、职能和责任也应当是明确的。

2. 要合理安排会议时间。

合理的会议时间安排决定着一个农村中小学的运行节奏、学校的管理效率。一般来说，农村中小学校长办公会每周安排一次，行政会议每月安排一次，教职工会议两周安排一次，对于那些管理得比较好的学校可以一个月安排一次。教学工作专题会议一年召开一次，教职工代表大会一学期或一年召开一次，遇有重大问题可以临时召开会议。当然还有很多业务会议，校长不一定参加，但校长要总体把握。

3. 要突出会议主题。

会议要设定议题，明确主题和程序，尤其是研究性的会议更要围绕主题，不东拉西扯，对于一些已成定论的常规性问题一般不必研究，如果经常在常规性问题上开会，说明农村中小学的管理机制有问题，工作落实上存在问题。

4. 要限定会议时间。

一般的会议都要限定时间，农村中小学校长办公会一般控制在两节课时间内，全体教职工例会控制在 40 分钟以内。全体教职工会议切忌多人轮流讲话，教职工最反对的是每个校长都讲一遍，重复浪费时间，也反映工作作风不实。

5. 要准备会议内容。

对于农村中小学校长来说，开会就相当于给教师上课，校长会前的准备工作就好比教师的备课，校长备课的质量如何决定着会议的质量。质量高的会议对学校的整体工作会起到倍增效应。一个好的会议、高效的会议，肯定是经过充分准备的会议。

三、做好学习时间管理

学习是农村中小学校长的重要责任，不仅是农村中小学校长个人成长的问题，也是学校发展的大事。一个学校的发展和超越，某种程度上说就是校长思想的发展和超越，一个学校的发展危机，就是校长思想的枯竭。农村中小学校长的思想从哪里来，就是从办学实践和学习中来，所以校长必须给自己留下学习时间，看书、看杂志、听报告和参观名校，跟踪前沿的学校管理思想和教育思想。

1. 坚持每天读报，了解国家大事。关心国家大事是校长必备的政治素养。

网络、电视都可以及时地了解国内外大事，无论是哪种渠道，农村中小学校长必须天天关心国家大事，坚持每天至少用10分钟的时间了解时事新闻。

2. 坚持每周读书，学习教育理论。

农村中小学校长的读书计划可以周为单位进行安排，正如教师上课一样，每周完成多少读书任务，根据个人的情况而定，但一定要有周学习计划，做到每周学习有进步，每周有收获。

3. 坚持每月看杂志，跟踪教学和管理前沿。

前沿的教育教学改革和管理思想总是首先反映在教育刊物上，农村中小学校长要订阅几本主要的教育、管理刊物，每月必读，及时了解教育教学管理的前沿成果，用前沿的思想和理念观照自己的工作。坚持每学期参观名校，提升管理水平。每学期要拿出几天时间到名校参观学习，与同行借鉴名校经验，创新管理方法。

4. 坚持听专家报告，激发管理智慧。

了解专家在思考什么，研究什么，最新成果是什么，利用好专家的智慧为学校的发展服务。农村中小学校长还要为自己安排好写教育随笔的时间，及时记录自己学习和思考所得，理清思绪，明晰思路。农村中小学校长只有不断地学习，才能不断地超越自己，学校也才能不断地更新和超越。

四、做好闲暇时间管理

春夏秋冬，四季轮回，白天黑夜，周而复始，大自然的造化孕育了自然规律，也孕育了社会生活规律。白天工作，夜晚休息，形成了人的生命规律。有了高质量的闲暇生活，才能有高质量的工作和学习，才能办有品位的学校。从这个意义上说，高质量的闲暇生活是校长工作的另一个侧面。

1. 每天给自己留下锻炼身体和舒展心灵的时间。

"每天锻炼一小时，健康工作50年，幸福生活一辈子"，已经成为许多人的追求，农村中小学校长要率先垂范，这不仅关系到校长个人的身体健康，也是在引领学校体育与健康工作。为了学校、为了自己的心灵，校长应当养成锻炼身体的习惯。

2. 每周给自己留下至少半天的时间全身心地休息。

因公务繁忙，双休日校长往往也不能休息，造成校长身心疲惫，工作效能低下。所以，农村中小学校长要安排好自己的工作，在不是非常特殊的情况下，一定要给自己安排好周日的闲暇生活，至少要给自己留下半天的时间，恢复一周紧张工作后的体力，保证精力充沛地投入下一周的工作。

3. 每月给自己留下一两天时间处理俗务和亲情交流。

每个人除了工作之外，都有俗务要处理，如朋友、同学应酬，亲友交往，家人团聚等等，这些除了适时发生和应酬外，每个月还要有计划地安排时间与长辈、家人团聚交流，和谐发展家庭成员和亲朋好友的关系。校长也只有正确地处理好与亲朋好友的关系，处理好一切俗务，才能全身心地投入工作。

农村中小学校长的时间管理是一门大的学问。做好时间管理，关键还要科学地授权，不越权，也不越位，抓好学校的总纲，纲举而目张。校长要认真地思考和实践，找出适合自己时间管理的方法，合理规划，严谨有序，事忙而心闲，闲而不失本真。

第三节　倾听，校长必备的基本素质

倾听，是一种修养，是一门艺术，更是校长必备的素质。校长要建立倾听的文化，发挥倾听的魅力，善于倾听，乐于倾听。让学校里的每一位教职员工和学生都成为学校的主人。

例如，日本著名校长小林宗作，他所创办的巴学园是一所开放、自由、没有束缚的学校。在学校管理中，小林宗作善于与教师、学生及家长交流沟通。他是一位热爱教育，热爱学生，善于倾听，极具创新意识的优秀校长。小林宗作始终认为："倾听，是校长的必备的基本素质，学会倾听、善于倾听，体现着校长的领导艺术和管理水平。"

"爱说话是一个人的个性，会说话是一个人的素质，而会听话是一个人的天赋、素养的集成。"倾听是一种素养，也可以说是一门艺术。学会倾听应该成为每位校长的一种责任、一种追求、一种职业，倾听也是校长必不可缺的素质之一。懂得倾听，不仅体现了关爱、理解、尊重，更是调节教师与教师之间、教师与学生之间的润滑剂。

例如，在巴学园中，小林宗作校长常常会碰到这样的情况：有的教师和学生愤愤不平地找他评理。其实，很多校长都不乏这样的经历。而此时，小林宗作校长的解决方法很简单，就是倾听。他认为校长不需要跟他讲理，只需认真地听他倾诉，让他把情绪宣泄出来，表达他的不满。当他倾诉完时，心情就会平静许多，然后，校长也许不用作任何决定，问题很可能就解决了。

事实表明，掌握倾听的技巧，有时比多说更为重要。做个好听众、注意倾听，这是一门艺术。实际上，善于倾听还有两大好处：倾听让人感觉你很谦虚，倾听你会了解更多的细节。

但小林宗作校长的倾听，不是一般的"听"，而是用心去"听"，这也是一个优秀倾听者的典型特征。倾听者要善于在讲话者的信息中寻找感兴趣的部分，从中获取有用的信息。倾听者不要急于做出判断，而是感觉对方的情感，设身处地看待事物，总结已经传递的信息，权衡所听到的话，有意识地注意非语言线索，询问而不是质疑讲话者。在倾听过程中要带着理解和尊重，并注入感情。

教育家卡耐基说："做个听众往往比做一个演讲者更重要。专心听他人讲话，是我们给予他人的最大尊重、呵护和赞美。"如果校长能够成为教师和学生的倾听者，不仅能赢得每一位教师和学生的尊重和支持，形成良好的人际关系，而且能提高教师和学生的满意度，使其能继续坚持不懈地为实现学校的目标而努力。

在巴学园里，小林宗作校长的倾听，是学生与教师心中最美的动作。

【典型案例】倾听的美丽

一位伟人曾经说过："世间有两种美德：微笑和倾听。"倾听就是用心地听。

这话说起来容易做起来难。在我家，女儿对我最大的不满就是我经常一边做事一边听她说话，而她总认为我没有认真听，是敷衍她。她喜欢我坐下来看着她，听她说。这样的次数多了，我就有点不耐烦，甚至责怪她，毕竟工作家务事情太多。每当这时，女儿总是很委屈。一个偶然的机会，我看到一本书——《窗边的小豆豆》，它给了我很大的触动。

小豆豆被原来的学校劝退学了，妈妈领她去了巴学园。这是一个特别的学校，所有的教室都是由电车改成的。小豆豆对这一切都感到新鲜，然而更让她感觉开心的事还在后面。在这里，她遇到了小林校长，在校长的房间里，小林先生让小豆豆坐到椅子上，他自己也面对小豆豆坐了下来，说："你跟老师说说话吧，说什么都行。把想说的话，全部说给老师听听。"小豆豆原以为校长要问问题的，却听到校长说说什么都可以，于是小豆豆很开心，说话的顺序、方式都有点乱七八糟，所说的也都是一些鸡毛蒜皮的小事情，她拼命地说，把所有能想到的事情都说完了，校长用他那温暖的大手摸摸小豆豆的头，说："从今天起，你就是这个学校的学生了。"小豆豆感到生平第一次遇到了自己真正喜欢的人，整整四个小时，这么长的时间里，校长先生一次也没有打哈欠，一次也没有露出不耐烦的样子。他也像小豆豆那样，向前探着身体，专注地听着。

专心倾听别人的心声，对讲述者是种莫大的触动，对于曾因调皮被原学校退学的小豆豆来说，内心深处不时会有种被排斥的感觉，朦胧中总会感到自己和别的学生不一样，甚至被冷眼相看。可是，在巴学园，在同小林宗作校长在一起的时间，小豆豆却感到非常安心，非常温暖。

没想到，小林校长这个惊人的举动，竟神奇地治愈了小豆豆上课喜欢站到窗边的毛病，从此以后"竟然能端端正正地坐在最前排的座位上了"。这不能不说是倾听的魅力了。事实上，作为校长，面对的是五十多个学生，小林校长都能很好地倾听每个学生的说话，而且是很认真耐心地听着。

这就是日本著名电视节目主持人黑柳彻子写的《窗边的小豆豆》中的一个场景。这本书记录了作者上小学的真实故事，一个"怪孩子"在小林校长的爱护和引导下，逐渐变成一个大家都能接受的孩子，并奠定了她一生的基础。书中的小林校长给大家留下了深刻的印象。他让大家意识到无论是做家长还是当校长，都应学会倾听。

倾听孩子的说话，别说四个小时，哪怕只是四分钟，又有多少校长能像小林校长那样，能和孩子面对面坐着，用心倾听呢？对自己的孩子都很难做到，更何况对学生呢？在我们的办公室里，校长和学生谈话一般都是校长坐着，学生毕恭毕敬地站着，谈话的原因多是学生犯了错，校长了解情况。更有甚者，有的校长觉得自己坐着，学生站着比自己高，心里感觉不舒服，就让学生蹲下来，让自己保持心理上的优势感，居高临下，不怕学生不说真话。可事实上真的能如愿以偿吗？学生感觉不到校长和教师对他的尊重，反而对其产生敌对情绪，假话自然脱口而出了，要想得到真话，可真的要费九牛二虎之力了。相形之下，小林校长自是棋高一招。"你跟老师说说话吧，说什么都行。把想说的话，全部说给老师听听。"极其朴实的话语却深深打动了孩子，让孩子倒出了所有的心里话。

曾经报导过这样一篇文章——《美国教育孩子的十二法则》，其中就提到一条法则——声音法则，要倾听孩子们的声音。有人说，倾听是世界上最高品位的教育。一个好的校长，必定是一个合格的听众。因为每个人都有渴望被理解、被尊重、被信任的心理需求，只有我们在平常的管理中能给他们发言权，坐下来，认真地倾听他们的声音，他们才会说出真实思想。

倾听也是调节关系的润滑剂。那么怎样才能学会倾听，让倾听开出美丽的花来呢？

一、学会倾听

1. 要爱孩子。没有发自内心的爱，是不会有耐心倾听孩子的话的。

2. 要尊重孩子。爱孩子，意味着不把孩子当私有财产，主宰孩子的一切，动辄对孩子提要求，全不顾孩子的想法；而是要平等对待孩子，充分听取孩子的心声。

3. 要专注倾听。在大人的关注下，孩子自然有了说的兴趣。小豆豆在校长面前觉得很安心，很温暖，心情好极了，我们也不难理解了。

毋庸置疑，小林宗作校长倾听的动作是美丽的。他不仅让我们感受到了倾听的幸福，更让我们体会到了倾听还是一门艺术。这位热爱孩子、信赖孩子、充满热情的教育家值得我们每一位校长和教师学习。正是他的倾听，为小豆豆后来的成功打下了坚实的基础。像小林校长那样去倾听孩子们的声音，倾听会变得更美丽！

法国著名启蒙思想家伏尔泰曾说过："耳朵是通向心灵的道路。"因为只有倾听，才能了解事情的真实情况；只有倾听，才能捕捉对方心灵深处的东西，处理事情就会有针对性；只有倾听，才会心中有数，想出解决问题更好的方法。倾听是一种包容和理解，也是一种赞同和欣赏。校长作为一个基层工作者，要学会倾听，善于倾听，这不仅体现了校长对学生、家长和教师的尊重，也消除了彼此之间的隔膜，有利于促进学校管理。

二、关注倾听的对象

1. 倾听教师的心声

在学校管理中，农村中小学校长要树立一种"有工作，大家一起做；有成绩，大家一起分享；有责任，校长一人承担"的管理思想。在工作中，尽量做到一碗水端平，一定要与教师平等对话、交流，珍惜每一次和教师交流的机会，学会倾听教师的心声。在新课程改革的潮流中，农村中小学校长要想成为"老师的老师"，一定要加强学习，确定自己的强项，肯定老师的优点，以"平等中的首席"指导老师的工作，决策要科学化，管理要规范化，资金要透明化，赏罚要制度化，谈心要经常化。

一般情况下，教师找校长谈话有五种类型：

（1）教师的谈话表明问题是由你引起的；

（2）教师找你谈话的目的是想得到你的帮助；

（3）为了向你诉说自己对某种事的忧虑；

（4）向你反映某一个你尚未了解和掌握的新问题、新情况；

（5）就某一问题向你发表他的见解，提出建议性的意见等。

由此可见，学校校长要建立定期与教师谈心的制度，可以让老师们得到一种尊重，一种宣泄，一种满足，也可以使教师的办公室文化生态趋于平衡，教师的心理趋于平衡，有利于激发全体教师的教育教学动力。

2. 倾听学生的成长心声

学生是学校的主人，更是校长工作的对象。农村中小学校长所制定的一系列教育方针最后都会落实到学生的身上。倾听学生，了解学生的近况，不仅能拉近与学生之间的距离，更能及时了解情况，解决问题。倾听学生，多听听学生的意见，可以找出学校管理的不足之处，有针对性地改变管理教育方案。因此，倾听学生的成长心声，也是校长的必修课之一。

农村中小学校长倾听学生也可以制度化，面对面的座谈会可以让校长和学生互动交流，而定期的校长论坛也是校长聆听学生心声的一条新途径。校长聆听学生的成长心声也可以灵活互动。

3. 倾听家长的意见

校长倾听的对象不仅是教师和学生，同样也包括家长。农村中小学校长倾听家长的意见能够充分发挥家长在学校管理中的作用，改变传统意义上家长与学校之间的关系，是现代学校制度探索的一个重要方面。倾听家长的意见，能充分发挥家长对学校的知情权、参与权、管理权和建议权，在促进学校和谐发展中，能产生积极的效应，取得良好的社会效果。

三、注意倾听的方法

1. 专心

农村中小学校长倾听教师、家长、学生谈话时应注意讲究方法。

（1）要全神贯注，注意力集中。

①要凝神倾听。目光应凝视对方，向对方传递我正在全神贯注地听你谈话的信息；

②在谈话期间，你应在适当的时候用"嗯"、"哦"、"好"等有声语言传递你对谈话的注意和兴趣，以便对方按原来的思路将话题继续下去；

③对教师谈话中有用的信息可适当地做些诸如点头的动作，以示你对谈话者提供的信息的认可；

④要使自己的感情随着谈话者感情的变化而变化。例如，教师以喜悦的心情向你报告他的某一成功喜讯时，你应表现出赞赏的情态，做到与教师一起喜、怒、哀、乐。

（2）要洞悉谈话人话语的真伪。

有时，谈话者提供的信息含"金"量不高。他们的信息有的出于猜测、臆断，有的来自于道听途说，有的出自于个人的偏见等。校长应对谈话者提供的信息来一番去伪存真，以免因筛选处理信息的草率、不慎而导致失误。在洞悉谈话者话语的真伪时，要注意联系对方平时的表现和结合对方的思想素质、认识水平等进行全面分析。

（3）要弄清谈话者的原意。

俗话说"听话听声，锣鼓听音"。人际交往，即使彼此知心，但囿于自尊心，大多不愿深巷扛竹竿，直来直去。有时，教师谈话的用语或委婉、含蓄，或暗示、双关，或旁敲侧击，或引经据典。

农村中小学校长在倾听教师、家长、学生谈话时，要体察话外之音，分析言外之意，捕捉其原意。在捕捉对方谈话的原意中，要留心体察对方表情、动作、姿态，作综合判断。

2. 虚心

农村中小学校长在倾听教师、家长、学生谈话时，态度应谦虚。具体地讲，要注意三个问题：

（1）不要随便打断对方的谈话。

例如，当教师向你提出某一合理化建议，而这一建议早已有人提过，或者你自己早已考虑过时，或当教师对某件事发表自己的见解，而你对这类问题考虑得比对方更细、更深时，切不可为了显示自己的高明，未等教师把话说完，就打断对方谈话，或不顾教师的诚意，毫不谦虚地自我发挥一通。那样，不仅挫伤了教师的自尊心、积极性，同时也阻塞了忠谏之路。

（2）不要轻易否定对方的意见。

如果当你发觉对方的观点不正确，看法不全面时，不要轻易下否定结论。如果你不赞成对方的观点，可以用商讨的语气交换看法，或用婉转的话语提出自己的见解。切不可得理不饶人，不顾对方的情面，驳斥对方，使对方陷入难堪的境地。那样，势必破坏亲切和谐的交流气氛。

（3）概括要点，适当记录。

对教师、家长谈话中一些合理化的建议、独到的见解，要边听边概括，把握要点。必要时可有意识地重复某句你认为很重要、很有意义的话，并作适当的记录，以示对对方的尊重和鼓励。

3. 诚心

农村中小学校长倾听教师、家长、学生谈话，态度应诚恳。

（1）对有关谈话对象不能抱成见。

农村中小学校长平时工作中难免得罪人，在倾听被得罪过的教师、家长谈话时切不可态度冷漠，爱理不理。那样不仅会损害对方的自尊心，影响关系的融洽，也会损害自身的形象。

（2）要协助对方把话说下去。

有时候，谈话对象患有交往恐怖症，不得已才找你谈话，你必须以友善的态度接待对方。在交谈过程中，要注意及时用上评语或诱导性的"话茬儿"，鼓励、诱导对方往下说。

（3）要平心静气。

教师、家长、学生谈话的内容并非都是十分重要的。有时，所谈的是日常生活中的琐事，有时所谈的是个人心中的烦恼、忧虑，有时甚至是找你出气等等。无论属于哪种类型的谈话，农村中小学校长都应平心静气地听对方谈话，并让其将话说完。切不可表现出不耐烦的神情或做出不耐烦的举动，如皱眉头、看手表等，甚至随便下逐客令。如遇要事急需中断谈话，要向对方说明情况，并约定下次继续谈话的时间。

（4）要以平等的态度对待每个谈话者。

农村中小学校长在倾听教师、家长、学生谈话时切不可以校长身份自居，以审视的态度对待教师的谈话。如果你当着教师的面，毫无表情，装出一副高深莫测的样子，甚至在对方谈话时，你却在一旁剔牙齿、挖耳朵、品茶看报等，摆出一副不屑一顾的神态，那样就会使对方产生冷落感，甚至使对方对你的人格产生怀疑。因此，校长必须真心实意地倾听教师、家长、学生的谈话，善于把自己放在对方的位置上考虑问题，跟对方心与心相通，情与情相融。

第四节 信任，校长成功管理必备的心态

校长对教师的信任，可以使教师打开创新的思路，没有任何顾忌地大胆工作。校长对学生的信任，可以使学生树立自信和自尊，并成为永不懈怠的动力，信任，是校长成功的核心。

——马卡连柯

信任是人与人关系中最基础而又最重要的内容。有了信任，人们之间可以互相沟通，互相理解，互相支持；有了信任，可以放大彼此之间的资源，营造良好的氛围与和谐的环境，最终达到共同发展。因此，信任是决定学校管理成效的一个重要因素，并贯穿于学校管理全过程。

学校的管理要获得成功，校长必须有威信，但校长的威信不是板起脸孔说教，也不是上级的一纸任命，而是在和教师朝夕相处中，靠校长的坦诚相待、以心换心得来的。著名管理学家巴纳德认为："一个命令是否有权威决定于接受命令的人，而不决定于'权威者'或发命令的人。"在管理过程中，校长只有充分信任教师和学生，并取得教师和学生的信任，其威信才能被教师接受并产生影响。

有经验的农村中小学校长都知道，有时候一次推心置腹的谈话、一个充满信任的眼神、一句关怀体贴的问候，更能激发教师的积极性。要做到这些看似简单的事情，要求校长从内心深处信任教师和学生，把他们当朋友，与他们分享喜怒哀乐，相信他们的智慧与能力，放心让他们主动参与学校管理，放手让他们实现自己的教育理想。

马卡连柯在担任校长期间，用他的尊重和信任，创造了一个又一个教育奇迹：让教师振奋，大胆工作；让学生激励，有了自信和自尊。信任，是马卡连柯校长成功管理工读学校的金钥匙。

信任，意味着农村中小学校长在更高层面上的管理观转型和管理方式的变革。校长只有相信教师，才能真正地依靠教师办事，立足于教师治学；只有信任教师，才能在学校里形成公正、公开、公平的管

理氛围和良好的人际关系，从而让教师相信校长、学校，将主要的精力放在教书育人上；只有信任学生，才能在学生心中树立自尊、自强的信念，从而让学生获得永不懈怠的动力。

【典型案例】信任的力量

马卡连柯在教育工作中十分尊重学生的人格。他从来不把失足青少年当作违法者或流浪儿看待，而是看作具有积极因素和发展可能的人。在他看来，尊重人、信任人，是教育人的前提；只有从尊重人、信任人出发，才能产生合理的教育措施，才能取得良好的教育效果。受过马卡连柯教育的谢苗·卡拉巴林曾回忆了他在高尔基工学团当学员时，马卡连柯如何尊重他、信任他，使他重获新生的历程。

那是高尔基工学团创办不久的一天，马卡连柯到监狱去领卡拉巴林，当马卡连柯和监狱长一起替卡拉巴林办理出狱手续时，马卡连柯亲切地要他暂时离开办公室。当时，卡拉巴林对此并不理解。过了十年后，当卡拉巴林已经是一名人民教师时，马卡连柯才告诉他说："我当时所以叫你走出监狱长的办公室，是为了使你看不见担保你出去的条子。因为这个手续，可能会侮辱你的人格。"卡拉巴林说："马卡连柯注意到我的人格，可是那时，我自己还不知道什么是人格。这是他和我的第一次温暖的、人道的接触。"当他俩从监狱去省人民教育厅的路上，卡拉巴林总是走在马卡连柯的前面，以表示自己不打算逃跑，而马卡连柯总是和他并肩而行，同时跟他谈话，使他高兴。所谈的都是关于工学团的事，只字不提监狱的情况和有关他过去的事。

又一次，马卡连柯派卡拉巴林去几十里外取一笔数额不小的钱。马卡连柯对他说："学校急需一笔钱，要到数十里外的银行去取，派不出别的人，你去。"接到马卡连柯的任务后，卡拉巴林不敢相信这种信任，认为校长在捉弄他，他简直不敢相信这是真的，他瞪大了眼睛，问："我去？"然后又挑战似地说："校长，我可是当过小偷的。如果我取了钱不回来了，你会怎么办呀？"马卡连柯听后平静地回答："这怎么可能？我相信你是一个诚实的孩子。快去吧！"然后就埋头办公了。

卡拉巴林迟疑地站了一会儿，看马卡连柯再不答理他，便一跺脚冲出门去。

当卡拉巴林把钱交给马卡连柯的时候，他要求马卡连柯再数一遍。谁知，马卡连柯接过钱袋随手扔进保险柜，又埋头办公了。喘息未定的卡拉巴林脸憋得通红，向马卡连柯吼道："你为什么不数数那钱？"马卡连柯平静地说："你在银行一定数过了，我没有必要再数，你已经完成了任务，回去休息吧！"

面对校长如此的信任，卡拉巴林事后激动地说："当我带着钱在路上时，一路上我在想，要是有人来袭击我，哪怕有十个人，或者更多，我都会像狗一样扑上去，用牙咬他们，撕他们，除非他们把我杀死！"

卡拉巴林这样询问马卡连柯："请您直爽地告诉我，您相信我吗？"马卡连柯诚恳地回答说："过去的事不必提了"、"相信"、"我知道你这个人是跟我一样的诚实"。这使这位学员深受感动。他走出马卡连柯的办公室，情不自禁地高唱起来：高山背后，飞出一群老鹰，它们边飞边叫，寻找着美好的生活。

是的，这清脆悦耳的歌声告诉人们，马卡连柯以尊重与信任的良药，医治好了卡拉巴林那受伤的翅膀，使他懂得了人的尊严，认识了人的价值，从而信心满怀地飞翔在祖国的长空。后来，这位卡拉巴林终于成了自己老师马卡连柯的可靠继承者和得力助手。

卡拉巴林的变化历程，说明了尊重信任在教育中的力量。马卡连柯正是运用这一力量，激起了少年违法者和流浪儿童的自尊感，把他们从自暴、自弃、自卑、失望和堕落的深渊中解救出来，使他们燃起对生活的热爱、对前途追求的火光。

毋庸置疑，信任，在马卡连柯校长的学校管理中同样起着不同寻常的作用。信任作为学校管理的润滑剂，不仅能使学校运转顺畅，同样可以作为一种精神激励和回报，起到物质激励无法起到的作用。因为，与直接的物质激励相比，校长的信任更能抵达教师心灵深处。

农村中小学校长应常有这样的心态：信任学生、信任教师。从某种意义上说，信任，就是校长成功管理必备的心态。校长具备了信任的心态，才能把教师和学生当伙伴、当朋友，和教师建立一种真诚信任、互相理解的平等和民主的关系，校长才能成功实现有效的管理。多和教师商量，多听取教师和学生的建议，勇于承认自己的失误并及时修正错误，让每一位教师都有一种被信任的尊严感，同时对校长也充满信任和理解。这样，校长快乐，教师温馨，学生自信，学校必然和谐而充满勃勃生机。

因此，当农村中小学校长发现自己就连很小的决定都不断遭到疑问时，解决的办法并不在于把精力过多投入到如何做决定，而是要不断培养与教师和学生之间的信任感。

一、培养可信任的校长师德形象，成为教职工的师德楷模。

农村中小学校长是学校的核心人物，他的师德形象好坏直接或间接影响着教职工对他的信任感。可信任的校长师德形象应该从以下几点着手培养：

1. 真诚平等

农村中小学校长必须不说没有把握的话，不做没有把握的事，前后言行一致，说话算数，并且诚实地面对各种人和事物。如果说话浮夸，无法兑现承诺，将不被信任。在进行决策或采取行动之前，先想想教职工对决策或行动的客观性与公平性会有什么看法。该奖的就奖，在进行绩效评估时，应该客观公平、不偏不倚。在分配奖励时，应该注意其平等性。

2. 主动关怀

农村中小学校长必须随时了解教职工的工作状态，对教职工的生日或婚丧喜庆，能发自内心主动祝贺或关怀，并提供最好的服务。例如，校长发现某个教室黑板擦破了，校长不等老师开口，就先行提供；又如发现老师生病，校长主动协助调课，让老师安心休息等等，贴心的关怀将收到意想不到的效果。

3. 专业能力

农村中小学校长对于学校各种行政与教学等工作，必须具备专业的能力，才能进行最好的判断与决定。制订合理可行的学校工作计划，是教职工关注的焦点，校长如果能引导教职工，提升行政能力，是获得信任的重要因素。

4. 勇于承担

农村中小学校长大胆创新地开展工作，难免会出现问题和偏差。这时校长要主动承担责任，及时公开地改正缺点错误。农村中小学校长是学校的负责人，出了问题也自然是第一位的责任者。校长应推功揽过，切忌文过饰非。只有这样，教职员工才会毫无顾虑地信任校长，为实现学校的既定目标而拼命工作。

5. 坚毅刚强

农村中小学校长肩负着科教兴国、振兴民族的庄严使命和重大责任。校长要认清使命，排除万难，催人前行。面对困境，不可遇事退缩，应坚毅刚强，领导教职工实现学校办学目标。

6. 全心投入

认真的农村中小学校长，能够全心投入校务工作，了解学校发展的条件，掌握有效的契机，并运用适宜的方法，领导教职工实现学校办学目标。教职工对学校的办学目标愈清楚，就愈了解学校的发展方向，对工作本身的意义和价值也就更清楚。校长如何引导教职工清楚地掌握学校办学目标，可采取下列做法：校长在各种场合的谈话，不断地描绘学校的办学目标；在学校各种宣传资料上，融入学校办学目标；举办各种活动时，建立活动与办学目标的联结；鼓励教职工提出对办学目标的看法。

7. 心地无私

农村中小学校长所做的任何决定，都需禁得起"无私"的考验，不可为校长个人或身边的亲信徇私，否则将造成信任危机。如果校长开诚布公，就可能带来信心和信任。因此，校长应该让教职工充分了解信息，解释做出某项决策的原因，对于现存问题则坦诚相告，并充分地展示与之相关的信息。

8. 宽容信任

将军额上能跑马，宰相肚里能撑船。农村中小学校长要有宽大的胸怀。有时候教职工会出现无心的错误、过失，是能力受局限和自控能力差的表现，校长唯有宽容和信任才能保护教职工的自尊心，增强他们的信任感。另外还要为别人无心之过找解决的办法。

9. 以身作则

农村中小学校长必须随时提醒自己，务必成为教职工的学习典范、师德楷模，事事以身作则。作为校长要使教职工跟着自己向着同一个目标努力，自己就得带好头，不搞半点特殊。校长特殊，教职工就不服，就反感，就表面应付。校长只有率先垂范，用自己高尚的品格、艰苦的作风、优良的言行去影响教职工。

10. 不小题大做

农村中小学校长是学校的核心人物，如果听到一点小事就大声嚷嚷，教职工会认为校长没有能力或欠缺修养，教职工期望的校长是沉稳而内敛的。

二、运用各种人际沟通技巧，拉近教职工的信任距离

农村中小学校长要在工作中运用各种人际沟通技巧，拉近教职工的距离，相互间就会产生友好、信任等心理状态。

1. 积极的倾听

农村中小学校长对于教职工反映的意见或建议，必须专注地倾听，掌握对方所要表达的重点和要求。积极倾听的态度，可以带给对方尊重感，在第一时间消除敌对的情绪，有利于后续的沟通。

另外，还要为其保密。校长要信任那些可以相信和依赖的教职工。因此，如果教职工告诉校长一些秘密，他们必须确信校长不会同别人谈论这些秘密，或者说，不泄露这些秘密。如果教职工认为，校长会

把秘密透露给不可靠的人，他们就不会信任校长。

2. 正向的语言

农村中小学校长对教职工进行说明、回应或评论时，不应批判、指责或抒发情绪，而要使用正向语言引导教职工正确认知事件脉络、诚恳检讨缺失、传递正确的价值，引导教职工朝正向积极的目标前进。

3. 非正式的沟通

农村中小学校长可以通过许多非正式沟通来达到沟通效果，例如教职工生日时，送上蛋糕并给予祝福；参加家长会上的各种联谊活动、加入学校运动社团（如羽毛球队）等等。

4. 校长的祝福

农村中小学校长对于教职工的生活或工作情况，真诚地给予祝福，可以累积彼此的信任，例如，生日时赠送鲜花蛋糕、伤病时亲临慰问、喜事时分享喜悦、沮丧时给予协助等。

三、寻找多种方法与途径，赢得教职工的信任感

校长与教职工之间的信任是非常必要的。农村中小学校长要寻找多种方法与途径，让教职工了解自己，从而赢得教职工的信任。

1. 论述办学理念

农村中小学校长可以利用不同的场合，例如家长会、校委会议、教职工学习会、学校刊物、校园网站等等，通过文字将自己的办学理念，脉络完整条理分明地加以论述，就校长本身而言，在论述的过程中，可以不断地检视反思理念的实践价值，就教职工而言则可以通过文字的阅读，掌握校长的办学理念与想法，增加彼此的了解与信任。

2. 坚持决策

当农村中小学校长已经依据法规、专业，制定某项教育决策，并且通过沟通形成共识，宣布进行一项决策时，不可因为部分教职工的反对，就轻易退缩。坚持决策是教职工衡量校长的信任指标之一，倘若在决策形成之后，常常变来变去无法坚持，校长将得不到教职工的信任。

3. 挖掘专长

农村中小学校长最需要做的，就是了解哪一个教职工有怎样的专长，然后为之寻找表现的机会。例如，对科技有兴趣的老师，请他开展学校科技活动；对信息技术有专长的老师让他做网管员等。这种方法对于抱持反对意见的人，也可以适用。

4. 谋定后动

农村中小学校长对于期望推动的措施，在尚未掌握关键人物的反应、学校情境条件、家长的意见之前，不宜贸然推动，同时，推动任何措施，都必须把配套想好，如果校长常常提出空泛而无法达成的目标，日子久了，教职工就不相信校长了。

5. 走动管理

农村中小学校长必须到现场走动，与各处室行政人员、教职工聊天，细心观察，才能掌握依据，作有效的决定，走动时特别需注意：主动加入谈话、不要给予评价、不可随意作承诺、不可流于形式。

6. 兑现承诺

农村中小学校长能否兑现承诺，是教职工衡量校长是否可信的重要指标。没有充分的把握之前，不要轻易给予承诺。承诺之前，必须充分掌握教职工可能的反应与可行性。承诺之后应该尽其可能兑现。倘若承诺无法兑现，务必明确说明，否则将造成误解，导致教职工的不信任。

四、消除误解，重建被教职工质疑后的信任感

误解可能会来自很多方面，但大部分情况下产生误解的主要原因还是校长并没有真正被自己的教职工所了解和认识。面对误解时一定要冷静分析误解产生的原因，在任何时候都不能情绪化，即便是教职工对你的人格产生误解也不要激动。通过与个人谈话，多倾听教职工的意见和看法，进一步进行沟通的同时用自己的行为去感化教职工，用行动证实"你们最初对我的看法失之偏颇"，这才是消除误解最佳的

解决办法。误解消除后，教职工会重新信任校长。

1. 被误解时保持冷静

在社会的期望中，校长是理性的化身，因此，面临误解时，务必保持冷静，不可流露情绪，导致事情不可收拾。冷静并非无所事事，而是仔细地倾听对方诉求的重点在哪里。掌握质疑的重点非常重要，因为，清楚了解对方的诉求，农村中小学校长才知道如何回应。

2. 不急于反驳或辩解

学校教职工经常会利用各种会议，提出意见，有些意见的确隐含着对农村中小学校长的不信任或误解，例如质疑学校工程质量、校长的人格、校长所作的决定等。有些人格质疑的事情，需要立即澄清，但有些事情则可先回答"我会找机会向您说明"来缓和对立的情绪，甚至有些事情仅仅是教职工一时的情绪，此时就不必急于辩解，许多事情需要时间来证明。

3. 通过第三者协助沟通

对于某些信任危机，农村中小学校长可以了解当事人有哪些经常互动的同事，通过第三者积极协助沟通，化解误会。然而，这一位第三者，必须是校长可以信任的，同时校长必须先行将自己的目的、委托的权限，清楚地与第三者说明清楚，避免造成另一个误解。

信任主要是彼此之间对对方的良好的个人品格以及较强的个人能力，都抱有积极的期望。农村中小学校长与教师和学生之间和谐信任关系的构建，需要校长在工作中不断提高个人魅力，展现实力，学会沟通技巧。

第五节　亲近，校长走进课堂

校长进课堂是个老话题了，有人会说校长进课堂不应大力提倡，因为校长的主要任务是管理学校，校长是一个管理者。然而也有许多人认为校长应该进课堂，听听看看，对学校教学工作的推进大有好处。

现代教育理念指导下，校长不但应该走进课堂，而且是必须走进课堂。农村中小学校长要想提高课程领导力和课堂教学领导力，就必须亲临课堂甚至亲自走上讲台授课。现代教育管理中最活泼、最重要的要素是人，唯有聚精会神走进课堂，方能深入教学、了解教师、亲近学生，才能运筹帷幄管理学校。

一、课堂是校长成长与成功的摇篮和载体

课堂见证了校长严谨教学、勇于开拓的奋斗历程，课堂是农村中小学校长不断取得教育教学成效的里程碑。事实证明，课堂造就了校长，课堂使一名普通的教师成长为优秀或资深的校长。因此，人们一般都认同这样的观点，校长是老师的老师，是老师的领头羊。作为老师的老师，其中一个关键的标志是进得了课堂，站得住讲台，教得好学生，拿得出成绩。当然，一位教师成长为一名校长是由多种因素决定的，但课堂教学是最基本、最重要，也是最关键的因素。试想，一位连课堂教学都搞不好的教师，怎么能逐步成长为校长呢？

校长来源于课堂，又要回归于课堂，这是教育发展规律决定的，也是农村中小学校长成长规律决定的。一所学校发展主要看校长如何领导，如果校长的领导游离于课堂这一核心要素，而停留在课堂的外围转，那么，这所学校的内涵发展便会受到严重的影响。另一方面，校长的成长一般都经历职初校长、合格校长、成熟校长、资深校长和创新校长等发展的基本过程，这一发展过程是与课堂相伴而行的，校长只有深入课堂、研究课堂、扎根课堂、服务课堂，才能产生符合学校实情的教育思想和教育理念，才能形成适合师生需求的办学思路和办学目标，才能凸显体现学校特点的办学个性和办学特色，校长也才能成为一名出色的研究型、学者型、创新型校长。

二、加强课堂教学管理是校长优化办学行为的重要载体

校长的角色定位首先应是一个教育管理者。现代管理学认为，现

代社会管理工作的规模越来越大，关系越来越复杂，整体的联系越来越密切。在这样的条件下，管理工作往往会出现"牵一发而动全身"、"一招不慎，满盘皆输"的情况，这也是衡量其能否做好管理工作的基本标准之一。根据这一原理，学校的管理也正突破计划经济时代的管理形态，无论管理的目标和内容，还是模式与策略都应与时俱进地做出相应的调整和优化。但其中对课堂的管理是一个永恒的命题，具有"牵一发而动全身"效应的重要因素，无论外界发生怎样的变化，农村中小学校长必须耐得住寂寞，坚守课堂主阵地。这是因为，校长领导一所学校的主要目的是优化学校的办学行为，而优化办学行为是一项系统工程，是由办学的硬件条件、校园环境、校园文化、办学基础、办学经验、规章制度建设、师生队伍的基本特点及现状、课堂教学管理及模式等多种因素综合决定的。但其课堂教学是所有因素的重心和中心，其他的一切因素最终都要围绕课堂，服务于课堂。

三、校长参与课堂教学是加强课堂教学管理的关键

课堂教学是学校的一项最根本的工作，农村中小学校长在关注课堂教学的同时，如何介入课堂教学，为全体教师进一步改善和优化教学行为提供思想引领与技术指导，关键是校长要身体力行，返璞归真。在当前全面推进新课改的背景下，如何高效优质地实施新课程，使全体教师转变教育观念，树立正确的教育理念，改变传统的不利于学生创新精神培养的教育方法，形成体现时代要求、彰显素质教育特点的教学模式、策略和形式，不断优化教育教学行为，是校长加强课堂教学管理的关注面，也是校长参与教学工作的着力点。因此，校长必须从学校实际出发，根据自身的学科特点和个性特长，可以从以下几个方面参与教学实践，从而获得教学指挥权，提升课程领导力。

（一）校长参与课堂教学的形式

1. 亲自兼课。

兼一定量的课不仅是一名普通教师的应有职责，也是校长的工作

职责之一。农村中小学校长兼课的意义不仅仅在于为学校完成一定的教学工作量，更在于对新课程的实施有一个感性的认识，通过这样的感性认识来深刻理解和正确解读新课程的理念和要求，体验实施新课程的优势和挑战，在为教师提高理念引领和工作指导中可以现身说法，有利于提高教师的认同度。

2. 听课评课。

听课评课既是校本研修的关键环节，也是校长了解教师教学和学生学习状态的重要手段。农村中小学校长深入课堂进行听课评课是落实教学指挥权的重要体现。但必须指出的是校长的听课评课要力戒浅尝辄止，要听得出名堂，讲得出道道，这才能使被听课者心悦诚服。因此，这就要求校长平时加强新课程理念学习，关注学科的动态变化和有关信息，尤其是对传统的教法学法与现代的教法学法的差异要有一个整体的把握，从而在听课评课时可以胸有成竹地坦言自己的观点，为教师改善教学行为提供正确的指导。同时校长的身先士卒有利于建设和营造学校教研文化，使听课评课活动成为全体教师的共同行为。

3. 研究课堂。

学校教育教学质量的提高最终落实在课堂上。课堂教学效益的高低决定了学校教育教学质量的高低。因此，农村中小学校长应从繁琐的事务中解放出来，聚焦课堂教学，通过分析学校课堂教学改革整体推进情况，了解那些值得总结和提炼的经验与亮点，对那些需要深入研究和解决的热点难点问题，那些制约课堂教育效益进一步提升的因素等都要了然于胸，从而为出台相关的教学管理措施、制度和规则提供现实依据和必要支撑。

不论教育改革推进到什么程度，教育评价制度如何改革，课堂永远是校长体现生命价值的阵地，是提高校长综合素质的源头活水。校长只有与课堂相伴相随，其对学校的领导力才能焕发出生机和活力。要提高校长课程建设领导力和课堂教学领导力的方法和途径很多，而校长进课堂既是一种理念，也是一种有效的策略。

（二）校长参与课堂教学的意义

1.农村中小学校长进课堂听课和评课，可以加深其对课程方案、教材、学生、现代化教学设施功能的理解，指导教师深入学习，提高教师的课程理解力。具体说来，通过听课以及对教师的评课，可以及时发现并提出教师教学过程中存在的各种问题，帮助教师提高上课的能力，进而提升课程教学的执行力和建立合乎规律的教学规范。通过评课，帮助教师了解和掌握新世纪学生的特点以及在教学中为学生设立最近发展区。农村中小学校长通过对教师在课程教材中规定的固有的三维目标达标率的检测和指导，帮助教师更好地把握学生差异，以便其更好地进行因材施教和分层教学。

2.通过听课，有利于农村中小学校长更深入了解教师的教学风格和特点，掌握教师在教学过程中教学手段和方法的创新程度，有利于教师表现力的提高。农村中小学校长听课时还会增加对教师的备课要求，进而提高教师对课程教材理解力的达到程度，有利于教师课程执行力和课程实施过程中利用和开发校本课程的能力，即教师创新力的提高。

3.一个教师只能反映一个类型、一个方面和一个个案的情况，而农村中小学校长可以通过听取不同学科不同层次不同类型教师的课来较为全面地了解和掌握教师、课堂、学生的整体情况，将一堂堂课串成一条线或组成一个方面，再由一条条线一个个方面组合成完整的学校情况，通过分析和综合，对教师的课程教学的理解力、课程与教学的执行力、对学生的学习指导力、对教学的创新力以及对课程的开发力都能有明确的掌握。在分析掌握的基础上，农村中小学校长可以向教师提出校本的指导意见，其中包括教研组对教师的个别指导，从而制订教师培训、教学管理的目标导向、考核评价和奖励举措。

4.农村中小学校长听课还有利于提高校长的效益意识，了解学校有关设施和设备的使用状况，以便更好地引导有关方面的同志合理安排资源，更好地为教师上课提供服务。农村中小学校长听课和评课，有助于提高教师的课程教学的理解力、课程与教学的执行力、对学生的学习指导力、对教学的创新力以及对课程的开发力。农村中小学校长听课后，不仅可以对教师评这堂课，还能通过这堂课来评价学校的教学管理、学校管理等各个方面的工作，并及时调整管理策略。

第六节　理解，校长做教师的"心理保健师"

作为一校之长，有一个很重要的角色，那就是教师群体的"心理保健师"。校长必须构建一种"和谐合作，共同发展"的学校文化，营造学校工作真正"以人为本"的小环境，营造学术的氛围，让教师的工作充满成就感。

校长在学校是一个什么样的角色，应该扮演一个什么样的角色？这历来有些争议。之所以有争议，就在于校长的角色比较复杂，很难将其角色进行一个标准化的定义。概而言之，对校长角色中的这样几个属性比较认同：第一，学校改革发展的设计师；第二，学校全局工作的总指挥；第三是教育教学的领跑人。但是，作为一校之长，他还应该有第四个很重要的角色，那就是教师群体的"心理保健师"。

当个教师不容易。就像《教师人文读本》中所说的那样，今天的教师，"我们也经常困惑、烦恼，甚至痛苦；我们也经常遇到阻力、误解，甚至非难。正常的知识传承，往往变成机械的操练；坦诚的心灵交流，往往变成枯燥乏味的训诫，加上人事的纠纷、社会不良风气的侵袭，这些使我们的心灵失衡而不知所措"。事实上，让教师困惑、烦恼，甚至痛苦的其实远远不止这些，特别是在农村中小学。例如，问题学生多、学生成绩差、家长不配合、工作难度大；上班是各行各业最早的，下班是各行各业最晚的，但付出和回报未必成正比；学校和上级主管部门对教师的要求不断加码，各种培训、学习、评比年年有、期期有，甚至周周有，繁杂的各种活动让不少教师心绪烦乱，很难真正集中精力潜心教学；说是素质教育，不用分数评价教师，但一个主课教师，初中学校如果初三上不去，高中学校如果高三叫不响，他的职业成就感就会荡然无存，职业倦怠感则会乘虚而入，诸如此类的问题还有很多。教师职业在今天成了一座围城。身居围城的教师们，极其需要心绪的调适、心理的抚慰、心灵的营养，需要有人带领他们突出职业性的心理重围。对此，校长责无旁贷。

一、作为一个农村中小学校长，必须构建一种"和谐合作，共同发展"的学校文化，营造学校工作真正"以人为本"的小环境。

这样的学校文化，在管理上首先应该体现出"刚性规章，柔性管理"的工作原则。毋庸讳言，学校管理必须要建章立制，确立行为规范，这是管理刚性的一面。刚性规章保证学生有学生的日常守则，教师有教师的行为规范，议事有议事的规章制度，用人有用人的客观标准。但是，学校管理更要有柔性的一面，要尊重人、关心人、以人为本，要激发所有教师内在的工作积极性，让他们感受到自己是在为自己，而不是为他人，更不是在为校长工作。在这样的环境中工作，外紧内松，忙而不乱。教师有自己的价值和尊严，有自己的理想和追求。久而久之，教师的淡泊之志、敬业之心、爱生之德就会逐渐生发并升华。

二、这样的校园文化，必须有"宽而有度，和而不同"的思想做基础。

为什么具有职业倦怠感最多的是中小学教师，而不是大学或者小学教师？这看起来是一个费解的问题。其实，认真想一想，这个问题也不奇怪。因为大学教师和小学教师的价值取向与农村中小学教师都不一样。在经济文化比较发达的地区，小学已经基本上走出了升学压力的阴影，评价小学和小学教师的标准也已悄然发生了变化，因此他们的价值追求也相对多元化。而大学教师，从来就不受升学率的拖累。只有中小学教师，依然在升学率的重压下喘息。令人担忧的是，现在，我们大力提倡学生要有个性，鼓励学生要有独立见解，提出要培养他们敢于创新、乐于创新、善于创新的品质，但是我们却用许多教条来禁锢教师，连教师的备课要先备什么，后备什么，有些什么具体的步骤，内容上必须包含有哪些必须的要素都规定得非常的死板。这样做，虽然并非毫无道理，对刚出道的教师也不无帮助，但其结果也是显而易见的。在这样一种环境中，评价教师的标准被异化，长此以往，教师的学术意识淡化，思想的棱角被磨平，难免沦为"教书匠"。事实上，一个平庸的"教书匠"非但不能培养出创新型学生，而且自己也会在日复一日的工作中对职业心灰意冷，对同行的各种创新性成果麻木不仁。

　　作为农村中小学校长，也许我们无力改变农村中小学教师的工作性质，但我们可以改变学校的小环境，营造学术的氛围，让教师的工作充满成就感。有一句话说得非常好，让教育充满思想，让教学蕴涵学术。在这种思想的指导下，我们不仅要尊重那些与校长的办学理念志同道合的人，弘扬团队协作精神，也要尊重那些独立的思考者，提倡兼容并包；不仅尊重那些虚心好学、谨言慎行的人，也尊重那些在工作上自说自话、特立独行的人，以宽广的胸怀容纳他们。只有在这样一种环境和氛围之下，每一个教师作为独立个体的不同才可能得到充分的尊重，他们也才可能找到真正属于自己的发展领域而专注其中，乐此不疲。教师的个性、学识素养和生活经历的诸多因素，使教师各具特点。作为校长，必须因势利导，鼓励教师们发挥这些特长，并帮助他们拓展这些优势，形成各自不同的教学风格，而不是用一种固定和僵化的模式标准来衡量他们。当一个教师感觉到教育充满思想，教学蕴涵学术之后，这个教师就真正成熟了。一个成熟的教师，就是一个会从自己的工作中体会到价值，寻找到快乐，并乐于为之付出真感情的教师；就是一个愿意，也能够用心灵去感悟，用心灵去付出，并能够升华教育的情怀，收获一份淡定和从容，一份达观和洒脱，一份属于自己的成就和幸福的教师。

而一个农村中小学校长，就是要让教师们愿意这样去做，能够这样去做，乐于这样去做，让他们的心理永远保持在既积极进取又从容不迫的状态。

第七节 充分利用农村资源，突显办学特色

我国是农业大国，建设现代化的国家，关键在于推进新农村建设，这对农村教育来说，负有不可推卸的政治和历史责任。现今部分农村教育严重脱离社会实际，不少学校虽身在农村，但学校里的学生却缺乏对农村生活的真实体验，他们中的许多人不知劳动甘苦，甚至连麦苗和韭菜都分不清，造成这种结果的原因主要还是单一的应试教育。不少学生目标迷茫，缺少生存能力，致使许多人虽然大学毕业，但在市场经济风浪中，却难以立足。究其"症结"，还是归结在农村教育偏离办学方向上，从而致使培养目标"离谱"，学生生存能力"先天不足"。农村中小学的校长除了把握好学校正常的办学方向之外，在规划学校办学特色中，应自觉做足"农"味，让学校肩负起服务农村促进社会发展的重任。

一、部分培养目标应姓"农"

虽然教育为社会培养出了大批人才，但多半是"飞鸽牌"，实际扎根于农村的高素质人才却很少。从农村社会发展情况来看，劳动者的素质低下也是制约其发展的因素之一。新农村建设是一项系统工程，更是长期的战略任务。需要一大批有远大理想和战略眼光的"领军人物"，更需要数以亿计的有思想、有知识、有技术、懂管理的高素质劳动者服务于农村。农村中小学校是为新农村建设提供人才资源的重要

基地，学校要切实端正办学指导思想，科学定位培养目标，加强对学生热爱家乡的教育，真正让学生树立起为家乡服务的理念，帮助学生及早地谋划职业生涯，提高学生爱农、为农和务农的实际本领。

二、部分课程建设应姓"农"

学校要围绕人才培养目标科学设置课程，适度增设服务于当地社会经济发展的地方课程，尤其要开设、开足并开好为"三农"服务的校本课程。地方社会本身就是取之不尽、用之不竭的重要课程资源，学校要开门办学，主动对接农村社会实际需求，充分挖掘可利用的资源，动员各方面力量，开发出为建设新农村培养人才的地方课程，尤其要实施好以"学习农村科技知识"、"了解新农村建设"和"体验农村生活"这三大类为主要内容的校本课程。

三、部分教育内容应姓"农"

积极变革课堂教学内容，将种植、养殖、天文、地理、气象、能源和环保等农村科技知识渗透于教育内容中，通过探究性、社会参与性和操作性学习等多种实践性学习活动，拓展现行教材和课堂教学空间，变革学生的学习和生活方式，把学生的探究发现、大胆质疑、调查研究、实验取证、合作交流、社区服务以及劳动和技术实践作为重要的发展性教育内容，建立并提升学生对本土文化的自信与自觉。普通学校的教育教学内容更要积极转型，主动联姻职业教育，努力打通普、职壁垒，把重视培养学生职业规划意识、提高学生技能素养等职教中的好经验应用到普通教育，提高普通中小学生服务社会的能力。

四、部分教育方法应姓"农"

多元智能理论启示我们，每个学生都有与众不同的智力潜能，其成长规律与农作物相似。教师应该向农民学习，重视开发学生的智力潜能，自觉为每个学生量身定做不同的学习方法，从而提出不同的学习要求。当下，尤其需要减少重复低效的作业和考试，腾出时间和空间，把学生带进农村这个"大课堂"去体验生活，组织走村串户，了解农民种什么养什么、办什么工厂，让学生对土地资源、环境保护、农村教育、农业税收、农民负担、风土人情等问题开展调查，进行研究性学习。通过有助于学生终身发展的实践活动，增加社会责任感，培养才干，提高建设新农村的本领。此外，还要直面农村现实，深刻剖析当下导致农村落后的原因，大力宣讲农村的美好前景，增加学生的社会责任感，培养他们对农业、农村和农民的感情，最终让学生成为一个学成以后自愿回归新农村和努力服务新农村的"永久牌"人才。

第八节　基础教育课程改革背景下校长角色定位

校长角色是随着社会的不断发展而变化的：基础教育课程改革作为我国教育界正在蓬勃兴起的事业，存在着诸多问题。校长在课程改革中居于关键地位。教育的发展使校长扮演的角色日益走向多元化，在新课程背景下，合理定位校长角色，规范校长办学行为是需要解决的问题。

基础教育课程改革在理念、方式和评价等方面都强烈冲击着现有的教育体系，对普通农村中小学校长提出了更新、更高要求。

一、管理者与领导者

当课程处于稳定的以规范秩序为特征的状态时，领导作用在相当程度上可以被常规秩序所替代。而当进入课程改革之后，教师的观念目标发生了变化，操作程序不明朗，实际行为中存在困惑与疑虑，以常规为特征的稳定状态被打破，农村中小学教师对领导就会产生强烈需求。这时，领导的导向、影响作用明显增强。

1. 课程领导者：校长的新角色

农村中小学校长的领导工作有很多方面，这里只重点论述在基础教育课程改革背景下更加凸显的课程领导者角色。

（1）农村中小学校长应做主动的课程实施者。

课程改革赋予了农村中小学较大的课程建设的自主权和发展空间，要求校长理解课程，熟悉课程目标，了解课程结构、内容，课程设计与编制，课程实施与评价，做课程管理的行家里手。农村中小学校长肩负着向教师宣传课程理念，提高教师课程意识的重任。基础教育课程改革把教学看成是课程实施的过程，教学问题可能恰恰通过课程可以得到有效解决。课程与教学在实践中存在着内在的联系，课程与教学本来是一件事情的两个方面，现在的分立带有人为色彩。因此课程管理的思想要求校长站在一个更高的层次来审视教育，要认识到教师是课程的创造者、开发者，学生在课程实施中具有能动性。农村中小学校长应能够利用课程的功能，发挥课程的作用，以课程建设为抓手创建学校特色、推进学校文化建设；以课程实施为契机调整或重建教学管理体制，提高学校管理工作的水平和效率；以课程建设为中心促进学校、教师和学生的共同发展；以课程建设为核心有效地开发校内外资源，实现教育资源共享。

（2）农村中小学校长应做有效的课程开发者。

基础教育课程改革赋予了农村中小学校长校本课程开发的权利，这是赋予农村中小学校长的新职责，对农村中小学校长素质提出了更高要求：校长应把校本课程开发的过程看成是体现学校教育哲学思想和办学旨趣的重要活动。学校教育哲学思想的制定和办学旨趣的确立无不显示出校长的教育思想和教育境界，农村中小学校长在校本课程开发活动的影响应该受到高度的重视。正是农村中小学校长引导着学校整体精神的形成和发展方向，推动着学校课程的校本化进程。这要求农村中小学校长应有明确具体的办学宗旨，有独到见解和自己的学校文化。农村中小学校长要通过开发校本课程来加以实现、彰显，凸显办学特色，最终解决千校一面的局面也只能通过校本课程及课程的校本化。农村中小学校长应指明校本课程开发的主方向和目标，并将课程开发的理念渗透于每一位学校工作人员头脑中，成为教师实施课程开发的主体意识。农村中小学校长还应成为校本课程开发的领导者，通过带领教师参与课程开发，要提高教师校本课程的开发能力。

（3）农村中小学校长应更加关注课程评价。

基础教育课程改革引导农村中小学校长改革原有的评价制度，建立与课程改革配套的评价体系。把教师在教学的各环节中对课程进行修正、整合、调整、完善的能力、水平作为评价教师的主要指标，能更有效地衡量教师实施课程的效果。校长要引导教师对课程评价，因为教师对课程设置、课程开发、课程内容以及在实施过程中出现的问题最了解、最有发言权。农村中小学校长应了解教师对课程的评价，搜集实施过程中的相关证据，及时发现课程体系、课程内容、课程实施等方面的问题与冲突，并有针对性地进行解决，从而进一步改进课程实施工作，这是确保课程改革顺利推进的关键，也是校长领导课程改革能力的体现。因此，农村中小学校长要通过有效的评价充分发挥检查、诊断、导向、反馈、激励等多种功能，使评价成为促进课程实施、校本课程开发的直接动力，把课程评价改革纳入长期的持续发展的轨道而不是盲目的短期行为。

（4）农村中小学校长应增强课程领导能力。

在课程改革的相关文件中，"课程领导"一词提到的并不多，人们只是关注农村中小学校长作为教学甚至主要是行政领导的角色，而忽视了校长的课程领导角色。随着课程改革及对课程问题研究的逐步深入，课程领导也从课程管理中分离出来，成为课程理论研究的一个新领域。必须明确农村中小学校长是课程改革的第一责任人，农村中小学校长的强有力领导，是决定课程实施成效的重要因素。因此，课程领导成为农村中小学校长必然承担的角色，如何定位这一角色，是每一位农村中小学校长都应该深入思考的问题。A. Glatthorn 著的《校长的课程领导》一书中将课程领导定义为："课程领导所发挥的功能在使学校的体系及其学校，能达成增进学生学习品质的目标。"这个定义强调校长应与工作人员一起发挥课程领导的职能，实现课程改革目标，最终为学生提供更加合适的学习机会，有效促进学生发展。"课程领导"与"课程管理"尽管在意思上很相近，但两者存在差异。领导意味着民主的、内部驱动的统领行为，领导行为的发生往往依赖于领导者的专业权威和个人魅力；而管理则是强迫的外部授权的行为，它更多依赖于行政权威和法律法规的约束。"课程管理"的术语其实是比较陈旧的，最近在美国多用"课程领导"。

2. 学校发展规划的设计者

（1）农村中小学校长不仅要重视操作管理，更要关注战略管理。

基础教育课程改革倡导校本管理，农村中小学校长相对以前拥有了较多的办学自主权。对习惯于按指令行事的校长来说，学校的办学行为应该有一个长远发展规划引领，才能更加规范、科学。"办学理想是代表学校本身的一套共有的期望、信念及价值，指引着校内成员的教育活动和工作方向。"农村中小学校长要与教师共同设计出这个蓝图，因此战略思考与规划能力是校长的关键能力。这既要求农村中小学校长善于从学校宏观可持续发展战略上做出合乎教育发展趋势的前瞻性决策，又要求农村中小学校长善于从学校内部的微观管理行为上做出合乎实际的科学安排。农村中小学校长必须要有长远而深刻的思考，要有优秀的素质做支撑。比如能够站在时代的前沿，综观全球教育发展趋势，洞悉国内教育改革潮流，对自己的学校有透彻的了解。学校的长远规划应依据人才的培养方向和办学理念确定。比如一所学校以学生人文精神的培养为特色，那么学校的管理制度、教育教学活动等就应该围绕这一规划和主题进行制订和设计。

（2）选修课设置、校本课程开发成为学校的长期性工作。

高中课程改革要求学校开出足够的选修课程，最大限度地满足学生的个性化选择需要。因此，必须充分挖掘校内课程资源；积极引进校外课程资源；要有目的地培养或吸纳有专长的师资，培训适应学校课程设置的教师队伍等；同时，校本课程的开发将成为今后一个时期内学校的长期性和常规性工作。开发什么样的学校课程，如何开发，怎样通过学校课程的开发凸显学校特色等都是农村中小学校长不得不面对的问题。因此，农村中小学校长如果对此没有合理定位和长远规划，势必影响课程的设置与学生的健康成长；农村中小学校长必须从本校的实际出发，结合教育资源、环境特点、学校特色等做出决策；如果决策起点失误，往往是过程和结果无法挽回的。

（3）发展规划是调动教师积极性的力量。

学校如果没有长远发展规划，所有的活动和行为都是短期的、盲目的。学校的长远规划应成为教师为之奋斗的目标，成为调动全体教师积极性的力量。农村中小学校长如果引领教师成为规划学校的人，那么，规划创建的本身就是学校发展的象征。一旦共同愿景确立起来，人们就能不断地优化自己，不断地学习。学校的长远规划如果上升为师生的信念，这种力量是不可估量的。强烈鲜明的学校文化是由全体师生共同发展、共同拥有的，是大家愿意共同承担的责任，也是课程改革追求的目标之一。制订战略规划不仅是学校的一项任务，而且是学校运行中定期进行的一种程序，在这个过程中，不应该是例行公事或应付公差，而应该是一种能够引领学校持续发展的科学、系统思考的产物。农村中小学校长的策划者角色带来的回报是可以激发师生的力量，让大家感到身处一个能够创造真正想要的结果的组织，这种深深的满足感使教师更有能力做好工作，学生更有信心不断成长。对于校长，发现这些回报所具有的意义，比传统的领导者得到的权力和称颂更为深远。

3. 学校制度的重建（完善）者

随着课程改革的不断深入，校长们普遍感到学校旧有的管理制度受到了冲击，很多已不适应课程改革的需要了，甚至成了课程改革的绊脚石。由于课程结构、教学方式等发生了很大变化，现行的管理目标、方式、结果、评价手段等方面与新课程改革理念有诸多矛盾。比如：以分数为终端的管理制度就不符合课程改革的理念。学校管理制度的重建是急需解决的问题。其实，在课程改革之初，这项工作就相伴而生了。如：高中选修课的设置，学校须对学生作出明确的选修说明，因此，建立学生选课指导制度就是必然要做的。为了适应行政班与教学班并行的新情况，就要制定"班主任制"和"导师制"等相关制度，建立新型的班级管理制度以及班级教育、班级管理的考核机制等，以保证学生管理工作的有条不紊。同样，根据新课程的要求，原先没有或者不被重视的学校课程开发制度、综合实践课程推进及评价制度等必然随着课程改革的深入推进而构建起来。在教学制度的改革方面，着重建立的有教师角色转变制度、提升教师专业化水平制度、改变学生学习方式制度、推进信息技术与课程整合制度等。随着课程改革的不断深入，评价问题日益突出，是课程改革成败的关键。因此，评价制度改革对整个课程改革工作的重要性是不言而喻的："重建"学校管理制度，并不是一切推倒重来，而是指校长对学校现有的管理制度进行认真梳理，剔除不适应课程改革的旧制度，完善原有制度，破（修）旧立新，建立符合新课程要求的新制度体系和学校运行机制。规范科学的学校制度是课程改革顺利实施的保证；是建立正常学习和工作秩序的保障；是激励师生健康发展的有效途径；是学校建成学习型组织，形成学校优良文化的基础。随着课程改革的不断推进，还应优先考虑以下制度的调整、建设与创新：集体研修备课制度、专家咨询指导制度、校本研训制度、课程管理制度、学分认定制度、校本课程开发制度、课程资源共享制度、新型教学评价制度、促进师生成长的评价制度等。

二、学习者与研究者

基础教育课程改革带来的冲击与挑战使农村中小学校长的研究与学习成为必然，校长不仅要自我学习，更重要的是带动整个学校的共同学习与集体进步，进而把学校建设成为真正意义上的学习型组织。

所谓学习型组织，简单地说，就是"从用人干工作转变到用工作育人"。学习型组织的基本特征是：整个组织形成崇尚知识、追求知识非常自然的、浓厚的学习气氛，组织内的每个成员和团队都进行不断地学习，能充分发挥员工的创造性思维能力，从而保障本组织和个人的可持续发展，具有高于个人绩效总和的综合绩效。每个成员都树立起"终身学习"、"全员学习"、"合作学习"、"全程学习"的理念，能享受学习带来的乐趣。新课程实施是一场深刻的教育观念的变革，所倡导的校本教研、校本管理等观念与学习型组织的理念一脉相承。因此，在新课程背景下，将学校建设成学习型组织愿望更加迫切。

1. 教材变革带来的挑战。

基础教育课程改革之后，农村中小学教师普遍反映由于以课程标准为教学依据，教材地位降低，知识的呈现方式、教学理念变化大，需要探究的内容增多，知识与生活的联系更加密切，备课需搜集大量的课程资源，对农村中小学教师提出了巨大挑战。面对挑战，单打独斗已经不能很好地完成教学任务，这增强了农村中小学教师的合作意识，激发了农村中小学教师的研讨欲望，团队学习成为大势所趋：集体备课、同行观课以及观课后的集体评课正变成农村中小学教师的自觉行动。

2. 研究性学习带来的挑战。

高中课程改革使研究性学习成为必修课程，明确规定高考要涉及研究性学习内容，这对推动学习型组织的创建起到了极好的作用。教师需要以革新的行动来落实研究性学习的课程要求，改造教师团队的心态与教育环境，使学校成为学习型组织。

3. 课程结构由单一必修课到必修选修双课并行带来的挑战。

课程改革后全新的课程结构对大多数农村中小学教师来说是陌生的，课程建设和课程资源的开发成为农村中小学教师的新任务，农村中小学教师有了更大的空间，同时也负担了更大的责任。如果想开设好选修课，仅依靠校内教育资源已远远不能达到要求，必须开发利用校外资源，加强课程与社会生活、学生生活以及科技发展的联系。开发适合农村中小学生发展需要的，体现均衡性、综合性、多样性和选择性的课程资源。这要求农村中小学教师树立新的课程资源理念，不断更新知识结构。

4. 课程管理权力下放带来的挑战。

基础教育课程赋予了学校课程开发、课程校本化的权力，农村中小学教师必须由单一的课程实施者转变为课程的开发者、实施者和评价者，从单纯的教者转变为既教且研者。这对教师素质提出了更高要求。农村中小学校长应该引导教师站在课程的制高点上驾驭课程，合理有效地开发学校课程，达到国家课程、地方课程、学校课程三者的相得益彰。基础教育课程改革赋予了农村中小学校长课程管理的权力，这对校长来说是个崭新话题，因此，挑战是不言而喻的。

5. 学习方式的革命带来的挑战。

基础教育课程改革以弘扬人的主体性为宗旨，倡导农村中小学教师把学生从传统教学的被动世界中解放出来。农村中小学生应成为学习的积极主动的建构者，学习方式由被动接受改成了自主、合作、探究。学习应成为学生的自主性、能动性、创造性不断发展和提升的过程。农村中小学生还有了选择课程和农村中小学教师的权力，业务差的农村中小学教师甚至会面临下岗的危险。

第三章 农村中小学校长的常规工作

作为一名中小学校长，每天都在和学校各种各样的专项工作打交道，他要去过问、领导甚至直接解决诸如教学管理问题、德育管理问题、体育卫生管理问题、总务管理问题等等。正是这些专项工作的管理，构成了中小学校长管理活动的主要内容。

第一节 教学工作管理

教学是以教学内容为中介、由教师的教与学生的学共同组成的活动。教学工作是学校工作的中心，教学工作管理在学校管理工作中占有重要地位。甚至可以说，学校的其他管理工作是为教学管理工作顺利展开而服务的。古往今来，教学从来就是学校育人的主渠道，学校教育目标无论是培养品德、开启智能，还是强健体魄、发展个性，主要都是通过这个渠道实现的。在现代学校中，教学已成为一个多环节、多层次的复杂系统，因此加强对教学工作的管理就显得尤为重要。

一、教学工作管理概述

所谓教学工作管理，就是运用管理科学和教学论的原理、方法，充分发挥计划、组织、协调、控制等管理职能，对教学过程各要素加以统筹，使之有序运行，提高效能的过程。

1. 科学的教学管理具有多方面的积极意义。

（1）科学的教学管理通过对教学资源的优化配置、对教学工作的整体规划、对工作行为的规范以及对教学过程的全面调控，使教学活动得以有序运行，因而也为教学质量的提高奠定了基础。

（2）教学工作是学校的中心工作，教学工作的有序、高效，为学校其他方面的工作起到示范、推动作用，从而科学的教学管理也对学校整体运行质量和工作效能的提高起到推动作用。

（3）科学的管理强调以人为本，十分注重在教学中发挥教师的主导作用，实现其人生价值，同时也十分注重发挥学生在学习过程中的主体性和主观能动性，这样就为从根本上调动师生的教学积极性创造了良好的管理氛围。

2. 教学工作管理的基本任务

根据我国的教育目的以及"面向 21 世纪教育振兴行动计划"的精神，可以把中小学教学管理的基本任务归纳如下。

（1）贯彻方针，确保教学工作方向。

学校的教育工作首先是育人工作，教学的教育性是教学工作中必须关注的目的之一，同时也反映了学校的办学方向。教学工作管理的重要任务就在于通过对国家教育方针和政策的贯彻与实施来保证教学工作的方向，保证育人工作的质量，从而确保我国的教育事业向着健康、稳定的方向发展。

（2）建立畅通的教学指挥系统。

要实现教学管理的目标，必须建立一个计划周详、决策果断、调控有力、高效科学的工作指挥系统，这个系统的标志就是机构健全、层级分明、职能明确。这样，教学的管理就有了血脉，有了强有力的组织保障。

（3）建章立制，充分调动教师和学生的积极性。

教师和学生在教学过程中的双向活动，需要借助一些中介渠道发挥两方面的积极性，而积极性正是师生两方面发展的内在潜能。教学管理就是为发挥师生两方面积极性提供中介渠道的桥梁，其中包括教学管理和学习环境的提供等，处处都能反映教学管理中介桥梁的优越性和低劣性。所以，现代教学管理要为师生创造机会而不仅仅是提供服务。

（4）全程管理，牢牢把握提高教学质量这一核心。

与其他学校管理工作一样，教学质量是教学管理的生命线，一切都是以此为中心。当然，教学质量决非单纯是指学生的考试分数或升学率，它是整个教学过程优化组合的综合体现。因此，为了提高教学质量，应该扎扎实实地抓好教学管理工作的每一个环节、每一项工作。

二、教学管理的主要内容

农村中小学教学管理的任务是通过一系列具体的管理内容加以实现的，这些内容主要包括教学思想管理、教学组织管理、教学质量管理、教务工作管理四个方面。

1. 教学思想管理

教学思想管理是教学管理的灵魂。

（1）要实现由"应试教育"向"素质教育"的观念转变。实施素质教育是我国基础教育在社会转型时期适应社会发展的一场具有深远意义的革命，实现这场变革的前提是更新教育观念，转变教学思想。通过教学思想管理，帮助教师摒弃陈旧的教育教学思想，真正确立面向全体学生、以德育为核心、以培养创新精神和实践能力为重点的新世纪教学理念。

①要组织教师认真学习邓小平教育思想，学习《中共中央国务院关于深化教育改革全面推进素质教育的决定》和《面向 21 世纪教育振兴行动计划》，同时还要学习国家新近颁发的课程标准等教学管理文件，真正从思想上领会教学改革的意义和实质。

②是要组织教师学习现代教学理论和课程理论，以帮助教师认识教学过程的特点，掌握教学的规律，提高教学理论的素养。

③要联系实际，组织教师结合学校教学改革中的热点、难点问题及典型事例，开展讨论和学习，以提高教师的教学创新能力。

（2）在教学管理还背负着过于功利的目的而又走进新课程改革的今天，作为管理者应该加深自身的管理思想修为，不断学习与进步，使自己的教学管理思想与时俱进，适应时代的发展。

回望昨天的中国教学思想，"唯分数论"使诸如"不论白猫黑猫，只要抓到耗子就是好猫"的俗成思维定势，编织进了"适者生存"的逻辑之中，而且正在愈演愈烈。面对这种传统教育理念与新课改精神的冲突，许多教育管理者被逼入了手足无措的恐慌和进退两难的尴尬境地。面对这种情况，教学管理者必须彻底地反省并调适自己的教学管理理念，从而才能找到摆脱困境、危机，优化教学和管理的出路。因此，农村中小学的教学思想管理理念必须在基本核心的基础上不断调整与创新，才能不断适应社会的变革及其给教育思想提出的新要求。

2. 教学组织管理

教学组织管理是教学管理的核心。教学管理运行的高效有序，必须以科学、合理的组织系统为依托。对农村中小学来说，教学组织管理主要做三件事。

（1）建立教学指挥系统。

农村中小学要努力建立政令畅通、层次分明的教学指挥系统，以保证学校的教学指令能迅速执行。根据现代教学理论，教学是由教师的教和学生的学组成的共同活动，因此这套指挥系统也应该有关于"教"的管理和关于"学"的管理两个子系统，如下图：

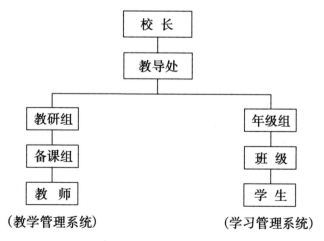

中小学教学指挥系统图

该图表明：学校行政是教学决策和指挥中心，其决策意图由职能部门——教导处加以具体化并执行。再往下由教研组、备课组至教师形成教学管理系统，侧重于教师的教的管理；由年级组、班主任到学生形成一个学习管理系统，侧重于学生学习的管理。另外，学校管理系统的设置应该考虑到组织本身的提高空间和学习意识。20世纪90年代以后，彼得·圣吉等人系统阐述的学习型组织理论对组织职能的认识有了新的飞跃。这种理论认为，现代组织应该是学习型组织，学习型组织的基本特征在于扁平化，开放性以及不断学习。学习型组织理论从人的内在需要潜能出发，认识组织的职能。这种组织建设理论是学校在组织建设当中应该借鉴和学习的，从而建立"利教，利学，利发展"的"三赢"教学组织系统。

（2）明确教学管理职责。

农村中小学校长、教导主任、教研组长、年级组长都是对教学管理负有责任的人，一定要明确各自的职责。其中校长，特别是分管教学工作的副校长负有全面领导教学工作的职责，他有义务了解有关的教学文件，懂得现代教学理论，深入教研组活动，帮助教师提高教学业务水平。教导主任是校长领导教学的主要助手，他须及时向校长提供学校的教学信息，提出改进教学工作的意见，组织教学检查，推动学校教学工作的顺利开展。教研组和年级组是中小学最基层的教学管理组织，教研组的工作侧重于教师的教的管理，其组长的主要职责在于组织本组教师做好教学常规工作、开展教学研究活动；年级组的工作侧重于学生的学习管理，年级组长有责任组织班主任落实教学工作计划中有关学习管理的要求，并进行此项工作的经验交流。

（3）完善教学常规管理制度。

加强建设教学常规管理制度，规范教学行为，是教学组织管理不可缺少的部分。教学常规管理制度也有两类，一类是教师教学工作制度，包括教师岗位责任制度、教师工作量制度、集体备课制度、考试制度、教学质量评估制度等，另一类是学生学习管理制度，包括课堂常规、作业要求、考试纪律、实验规则、升留级制度及学籍管理制度等。在制度建设过程中，不仅要注意发挥制度的规范功能，更要注意发挥制度的创新功能，要提倡基于规范、超越规范，对管理制度要适时更新、完善，为教学改革与创新保驾护航。

3. 教学质量管理

教学质量管理是教学活动的命脉，也是教学管理的目标所在。学校没有教学质量，就等于企业没有了品牌和社会声誉，所以任何一位校长都不会对此掉以轻心。现代教学理论认为，所谓教学质量，指的是学生在教师指导下，通过参与教学活动，在认知、情感和意志等个性要素方面引起的质量、数量和结构等方面的变化。就教学质量管理而言，有广义和狭义之分，前者应包括为保证教学活动达到预期目标而采取的全部管理措施，后者专指对教学活动的监控措施，其主要形式是对教学的检查与评价。

学校如何进行教学质量管理，主要做到以下几点：

（1）要确立全面的教学质量观。

教学是全面落实党和国家教育方针的主渠道，教学质量管理绝不能重智轻德，仅以学生学习成绩作为唯一的质量依据，也不能眼光只盯住少数学生，而应根据素质教育的要求，着眼于全体学生，全面考察学生德、智、体、美、劳等各方面的素质。目前，应当特别注重教学的德育功能和能力培养功能（尤其是学生的动手能力和解决问题的能力）的开发，应将其看成是衡量教学质量高低的重要指标之一。

（2）要细化具体的教育环节并加强对其的管理。

教学本身就是个硕大复杂的系统。它由多个子系统以及纵横交错的网络构成而成。作为管理者，不认识它外在的广泛性和内在的深邃性，就一定没法下手工作。环节作为系统网络中内、外在因素的交通部分则尤需为大家所熟悉、掌握。只有熟悉和掌握了教学的正常环节，我们才能顺利地完成教学工作任务。因此，作为教育工作者，为了提高教学质量，我们都必须认真地了解、熟悉、掌握学校教学工作中的各个环节。从整体上看，教学环节可大致分为常规环节、课堂环节、非常规性环节等。只有将三个环节齐抓共管，才能产生一种合力，一种以点带面的连锁反应，从而在整体上提高学校的教学质量。

（3）要加强对教学过程的检查。

教学过程是教学质量之"因"，只有高质量的教学过程才有可能取得高质量的教学成果。

对教学过程的检查可从两方面着手：

①对教师教学的各环节和要素的检查，主要是加强对教师的教学态度、治学精神和教学方法的检查，看教师是否敬业乐业、忠于职守，是否有严谨的治学精神，是否能运用适当的教学方法等等。

②对学生学习过程的检查，检查可侧重于学生的学习态度、学习方法、知识基础以及在教学过程中主体地位的落实程度等。对学习过程的检查不仅能了解学生的学习状况，也可从学生的层面了解教师教的情况。

（4）要加强教学评价，即对教学成果作出科学合理的价值判断。

进行教学评价通常有如下几个环节：

①制订出符合教学目标、具有可操作性的评价标准；

②搜集用以测量教学成果的充分而必要的信息；

③对这些信息进行定性和定量相结合的分析，在此基础上作出实事求是的判断。

需要指出的是，现代教学评价，强调辩证思维，既要看到学生的学业成就与教师的教学之间的内在联系，又要认识到学业成就成因的复杂性，学业成就与家庭、学生自身的因素以及以前的学习之间的关系，不能简单地在学生的成就与任课教师的业绩之间画等号。此外，有效的教学评价决不能仅仅是对教师的教和学生的学作出判断，还应致力于对师生在教学过程中的不足加以诊断，并提供有价值的改进教学的建议。当然，教学评价是一个非常复杂的问题，极具挑战性，在这里，我们期待国家有关方面及有关教育专家们拿出具有说服力的教学质量评价体系，从而在政策层面上为中小学的课堂教学实施素质教育提供条件。

【案例】办学条件不足，如何提高教学质量

某中小学针对学校存在的问题召开了一次行政扩大会议，与会者在会上就如何提高教育质量展开了热烈讨论。有的同志认为，学校教育质量之所以难以提高，主要是因为生源太差，招收的学生都是其他学校挑剩下来的，这样的学生缺乏学习积极性。有的同志认为，学校创收无门，教师福利待遇太差，教师没有工作积极性，这是学校教育质量难以提高的主要原因。

曹副校长发表了自己的看法。他说："学校教育质量要提高，离不开师生的积极性。学校生源差、创收少是事实。可是有的学校办学条件与我们差不多，甚至不如我们，但为什么他们的教育质量却比我们高呢？大家可能都还记得，上学期××中小学的校长在介绍他们学校的办学经验时，讲了如何向管理要质量，向管理要人才。"听到曹副校长讲起这件事，张教导主任插话说："他们的一条重要经验就是重视学校管理科学理论的学习，以理论指导实践，科学育人。"支部书记老赵紧接着说："他们的经验说明，办好一所学校，生源、经费、师资等固然重要，但端正办学思想，提高学校管理水平更重要。"

这时曹副校长接着原来的话题说："生源我们无法改变，创收又无门，因此，我们要向科学管理要质量。只有提高科学管理水平，才能调动广大师生的积极性，才能提高学校教育质量。我建议大家认真学一点教育科学理论和好的办学经验，齐心协力共同办好学校。"

主持会议的陶校长见大家都点头赞成，便说："看来大家都同意曹副校长的意见，那么我们就趁热打铁，研究一下该怎样学习吧。主意是曹副校长提出的，曹副校长先谈个设想，然后大家再议论。"曹副校长接着陶校长的话说："我有个初步设想，大家看看是不是可行。我认为学习可以分两个层次进行：一个层次是学校中层以上干部，学习的内容是哲学、教育学、心理学和学校管理学，最好还能学一些控制论、系统论、信息论的有关知识。通过学习，认识学校管理活动的规律，掌握学校管理工作的原则和调动教职工积极性的有效方法。另一个层次是全校教师，以班主任为重点，最好以优秀教师、班主任管理班级和学生的先进经验为教材。通过学习，认识班级管理活动的特点，掌握学生管理工作的原则和方法。学习形式以自学为主，定期组织讨论交流。要提倡理论联系实际的学风，讲求实效。只要我们的思想水平和管理水平提高了，教育质量就一定会不断提高。"接着，大家就曹副校长提出的方案展开了讨论。

【案例分析】

任何一个特定的组织都离不开管理，管理可以协调有限的人、财、物等资源，使其合理配置来实现组织目标。但是，学校管理不同于企业和政府的管理。学校管理活动不但要符合科学管理理论，还要符合教育科学理论。学校管理是管理的一种特殊形式，是在一个学校的具体范围内，合理有效地利用现有的人、财、物等要素，协调好各方面力量，处理好各种关系，高质高效地实现学校教育目标的活动过程。

4. 学校管理的特殊性

（1）教育性。

学校管理要实现教育目的，因此，其教育性是不言而喻的。我国对教育的投入不断增加，这说明我国对教育重要性的认识正不断提高。但我们也应看到，十六大关于教育的提案明显多于往届，但主要是批评性的，不像以前那样为教育辩护。这是为什么呢？因为有些学校的教育缺乏教育性，或者说教育色彩被淡化。学校管理者的教育行政活动不符合教育规律，教育管理人员、教育者没有接受相关的教育（注意：上大学与受相关教育是有着重要区别的）。教育管理者要接受相关教育，一线的教育者也要接受相关教育。

（2）学术性。

教育行政管理是一种学术性活动。教育行政如何体现教育的价值追求、如何反映政府的意愿和要求是值得研究的。教育行政管理学术性的另一种表现就是，教育改革是探索性、创新性工程，需要科学理论的指导。比如，新一轮基础教育课程改革，既有国家行政的推动，又有大批专家学者的积极参与，学术性特征很明显。我国教育行政面临的首要问题是学术化问题，应该吸收更多的教育学专家从事教育行政工作，以学术官僚替代行政官僚。

（3）综合性。

学校的主要任务是培养人才，也就是说，学校要生产的产品是"人"，是德、智、体全面发展的人。这种"产品"加工生产的过程、产品的特性和质量标准带有多种性质。这就决定了各部分管理职能的实现以及成效的检验不能采取单一的技术性手段。例如，衡量教育质量的标准，就不能简单地用"升学率"或"犯罪率"等数字进行说明。有的工作需要靠感性体验和经验来判断，需要进行综合分析。

（4）滞效性。

十年树木，百年树人，百年大计，教育为本。教育的长效性决定了教育行政的滞效性。这在教育投入上表现得非常突出。比如，国家对基础教育的投入，几十年以后才会有成效。因此，教育投入必须坚持不懈，才能收到效果。教育行政显然应该充分考虑教育的这种特性，作好长期的规划和投入准备，不要期望早上播种、黄昏收割。教育行政的滞效性在一定程度上会影响政府投入的热情和信心，它们更乐意把力量用在见效快的项目上，以取得更大的政绩。我们还注意到，教育行政的滞效性近来受到怀疑，因为实践中正例与反例并存。例如，中国在20世纪80年代末公费选派80多名最出色的物理学青年才俊去国外学习，可回来报效祖国的却几乎没有，这与当时李政道等人的预期相去甚远。

中小学属基础教育阶段，基础教育是塑造国民素质的奠基工程，所以提高中小学的管理水平意义重大。我国现代中小学管理的实践充分说明，先进的学校管理理念和高素质的学校管理者对确保和提高中小学教育质量至关重要。同样一所学校，由不同的管理者管理，其结果是不一样的。管理者必须认识到学校管理的特点，在学习先进管理理论的基础上结合学校实际进行创新性管理。只有这样才能以最少的投入获得最大的效益。

案例中的学校在办学过程中确实存在很多不利条件，比如生源不如其他学校，资金来源不足，教师、学生积极性都受到影响等；但是学校管理者应该寻找学校的特色之处，发现和创造优势来弥补这些不足。曹副校长所提的建议是很合理的，如果能落实好必然会使学校受益匪浅。这些建议在具体操作前需要制订一些详细的规划。比如，新的课程标准出现了选择性要求，那么教学评价自然应该是多样化、非标准化的，这必然对传统的管理提出挑战。在这种情况下，应当允许教师有自己的理解，允许教师按课堂教学实际调整自己的教学策略。所以，学校管理的重心应逐步转移到帮助教师建立和完善自我约束、自主创新机制上来，应高度重视教师创造的空间，特别要注意教学指导工作的改进，不能再照搬固定的模式或教学思路，不能用僵化的东西来约束教师和学生。

另外，针对生源不是十分理想的现实情况，要加强后进生管理工作。多数后进生从小就有许多不良的行为习惯，这会对其认识观、人生观和价值观的形成产生不良影响，同时也会导致其学业退步。因此，要使后进生有所进步，不应从其学习方法和学习态度入手，也不应从其思想状况入手，而应该从根源抓起，即从其行为习惯这些小事抓起。

要求学生做好一些小事比较容易，因为所要克服的困难比较小，成功的代价并不大。一开始他们也许不情愿，但是，反复地做，慢慢地就会成为习惯。比如，可以要求学生每天按照指定位置把自己的课桌椅摆放整齐，把自己周围的卫生做好，把上课所要使用的课本和文具准备好并整齐地摆在指定位置上等等。要求学生每天都要做好这些小事可以使学生逐渐养成做事认真细致和爱卫生、求整齐的良好行为习惯。慢慢地学生就会从中悟出一些道理：做人做事应该认真、负责、有规矩，做一个文明人必须要有丰富的文化知识和良好的素养。这样，他们就会逐渐改掉不好的行为习惯，并开始喜欢学习。

5. 教务工作管理

农村中小学教务管理工作的内容可从以下几个不同角度进行划分：

（1）教务处工作从计划及工作的程序看分为：

①工作计划。

每个学期、每个学年都应有一个具体的工作计划，由领导制订，全体人员完成，这也是教学人员的"课程表"，一旦计划做出并经校领导审阅通过，就必须按照计划工作。

②执行记录表。

有了工作计划，就按计划一项一项地去完成。每项工作完成情况如何，必须有一个记录。记录内容包括：由谁负责完成，完成情况如何，未解决的问题有哪些，原因何在等等，以备进一步完善。缺乏这一项记录，会使工作效果失去控制。

③资料保管。

国家、省、市、地区各级的行政教育通知，指示、文件以及学校所制定的各种规章制度，要有专人保管，以便随时查阅。

④档案管理。

学生的学习成绩、奖惩记录、教师的教学情况等内容，都应该有所记录。

⑤编制校历。

学校每学期、每学年的开学，期中、期末考试，节假日放假日期及寒暑假日期都应做出计划，打印成表，发至学校的每一位教职员工手中。

⑥编制课程表。

包括全校的总课程表、年级课程表、班级课程表以及教师课程表，发至有关人员手中。

⑦教师工作安排表。

即教师工作调度表。明确显示每位教师在本学期、本年度的工作内容。

⑧课程临时变动情况表。

该表记录学校中因为某些特殊原因，教学未按原计划执行的各种原因及处理方案。

⑨备忘录。

记录学校临时安排的全校性质的活动，如学生的体育活动、参观、教学观摩以及教师的业务、进修学习等。记录好活动的时间、地点、内容、参观人员、负责人等。备忘录应该像台历一样放置在较醒目的位置，以免遗忘。

⑩工作总结。

教学人员的工作总结，教务处的工作总结，各项工作的总结及教师个人工作的总结。统一审阅，汇编存档。各种计划和记录资料，都应在学期工作结束前后进行整理，然后保存起来，以作为今后工作的参考。

（2）教务处工作从教学工作管理方面看可分为：

①教师教学进度表，记录教师教学进度及完成教学计划情况，以便发现问题及时调整。

②教师教学质量情况记录。对各科教师的抽查及听课的情况进行记录，分析教师的教学态度，保证教学按质按量完成。

③教师变更记录表，以建立教师责任制度，不因有教师的变化而

影响教学任务的完成。

④各教研室、组活动情况记录，督促各教研室开展学习讨论和交流、总结活动。

⑤考试成绩登记表，记录各年级、各班的期中、期末、平时考试及升学考试、统考成绩。

⑥统计分析报告。将已掌握的数据进行统计分析，作为进一步改进工作的参考。

⑦对图书资料、教材的管理，经常检查保管、使用的情况。

⑧对教学设备的管理。指教学演示仪器、教学实验仪器、电化教学设备和体育活动的场地、器材等的管理。

⑨组织教学经验总结和交流。

（3）教务处工作从学生学籍管理看分为：

①新生的资料卡片、档案的整理、分析和保管。

②学生转学、休学、退学、借读、开除的情况登记表。

③全校学生名册。

④学生的学籍卡。

⑤学生获得的奖励和受到惩处登记。

⑥学生升学后情况追踪调查资料。

⑦学生家庭背景基本情况记录。

（4）教务处工作教师从管理看分为：

①教师的学历登记表。

②教师工作总结及教学评估情况记录。

③教师的教龄分析及教学经验分析。

④全校教师的年龄结构、各年级、学科的教师性别、年龄结构报告表。

⑤教师的培训计划。

⑥教师师资队伍的建设构想。

⑦教师的思想状态记录。

⑧教师家庭情况记录。

⑨教师参加科研、教研活动的情况记录。

⑩教师职称情况。

（5）教务处工作从思想教育工作管理方面看可分为：

①先进个人、先进集体评选计划、措施以及有关材料的收集和整理。

②"三好"学生、优秀学生干部的评选标准的制订、名额的分配。

③教师政治思想学习安排。

④学生思想品德教育计划。

⑤优秀生和差生的名单，全校学生干部名单。

⑥学生校外行为表现登记表。

⑦违规、违纪、受处分学生的登记册。

⑧班主任工作日记的分析整理，总结个别学生进步的教育经验。

⑨制订适当的奖励制度和惩罚制度。

⑩定期对学生思想状况进行调查，及时把握学生的思想动态，以防歪风邪气在全校学生中泛滥。

（6）教务处工作从体育卫生工作的管理看分为：

①体育课外活动的安排表，包括早操、课间操、下午的体育活动，经常性的比赛及全校性运动会。

②建立学生身体健康档案，定期为学生组织体检，注意学生体质、视力的变化情况。

③每周的全校性大扫除计划，各年级、各班之间的卫生检查和卫生评比计划。

④全校体育达标人选、学校体育达标计划和达标措施。

⑤学校体育运动队员的学习成绩特别记录本。

⑥学校体育运动队的训练与教学安排。

⑦每周、学期学生因病请假、休学的人数。

⑧发放教师身体状况卡。

以上即为对教务工作管理从几个不同方面对于其工作内容的总结和分析。

三、教学工作管理改革动态

随着素质教育的全面推进，中小学课程和教学的改革也加大了力度。课程和教学的改革需要管理的支持，管理创新将使课程与教学改革如虎添翼。近年来，学校教学管理方面也出现了值得关注的发展动态。

1. 课程管理进入了学校教学管理的视野

上世纪 90 年代以前，我国中小学不存在课程管理的概念。1992年，国家首次把"教学计划"改为"课程计划"，课程管理体制也分成国家课程和地方课程两块。1999 年 6 月，《中共中央国务院关于深化教育改革全面推进素质教育的决定》在总结课程改革经验的基础上，提出要进一步"试行国家课程、地方课程和学校课程"，"加强课程的综合性和实践性"。这表明，课程管理体制的改革将学校推上了课程管理主体的地位，学校课程和部分地方课程将由学校自主开发、编制。近几年，在一些进行课程改革试点的省市，学校在选修课和活动课的开发设计方面展开了探索，取得了良好的成效，极大地激发了学校课程开发的积极性。上海、江苏的一些中小学，校本课程的开发研究正在成为教育改革的新亮点。此外是"研究型课程"的开发，很多学校希望通过"研究型课程"的开发和实践，培养学生的探索意识和创新精神，以达到实施素质教育的目标。

校本课程开发是我国教育改革大潮中出现的新事物，也是教育发展的必然。同时，它也对学校教学管理提出了一系列新课题：学校如何确定所需开发的课程？学校如何开发课程？学校如何管理课程的开发？如何为课程开发配置资源？如何为有效的课程开发活动做好协调工作? 这些都是有待于学校管理者在管理活动中解决的新问题。

2. 课堂教学管理改革方兴未艾

课堂教学是学校教学活动的中心环节,它既是新旧教育观念冲撞最厉害的交汇点,又是教学改革最活跃的前沿阵地。我国中小学近年来在全面推进素质教育过程中出现的一系列改革举措与成功经验,都是以课堂教学为核心展开的。如分层教学、小班化教学、流动班级制、弹性课时、课堂教学的自学指导模式、目标导控模式、情—知互促模式、借鉴国外"多元智能理论"开发学生综合智能的实验等等。所有这些改革都表明,我国的中小学课堂教学及管理形式正在发生变革,传统的课堂管理的弊端(教材本位、偏重知识传授的管理目标,强调规范化、制度化、呆板划一的管理方法,高度集中、一刀切的管理体制)已受到了强有力的冲击,课堂管理的创新职能正日益得到重视。所谓课堂管理创新,即"通过科学的管理,使教师在课堂教学中运用先进的教育教学思想,在教学设计中体现出创新意识,在教学过程中进行创新实践尝试"。我们相信,通过对课堂教学的各类资源要素的重组和创新,其中包括师生相互关系的调整、教学内容的更新、教学方法手段的改进、课堂时空结构的重新设计等,我国的中小学教学一定会出现一个前所未有的发展景象。

3. 管理手段的现代化与管理分析的数量化

运用现代化科学技术手段获取管理所需的教学信息,并进行数量化分析处理。推进管理的精确化,是教学管理中出现的又一动态。管理者借助电子计算机储存量大、自动化程度高的优点,将教学活动各环节的信息及时输入,并进行分析、处理和贮存,这不仅可以为教学组织、调控、领导和决策提供精确、可靠的科学依据,还可以提高管理效能。目前,我国不少学校用计算机编排课程表,用计算机对学生成绩作统计分析,用计算机对教学质量作定量研究,用计算机对各种资料(如学生的学籍资料、教师的教学业务档案等)进行文档保存等,正成为一种发展趋势。现代化技术手段的运用，改变了过去中小学教学工作管理只重定性、经验分析，忽视定量分析的状态，使学校教学工作管理走上定性和定量分析相结合的道路。

第二节　德育工作管理的目标与内容

随着教育改革的深化，素质教育的实施、新课程标准的颁发，对学校的德育工作提出了新的更高的要求。面对新的形势，新的要求，如何行之高效地做好德育工作，是摆在我们面前的一个重大课题。

一、德育管理的基本目标

德育管理的基本目标是：根据青少年的心理特点和德育规律，加强对德育工作的组织领导，调动一切积极因素，使它们形成强大的合力，以有效地推进德育进程，不断提高德育工作的效能。

德育管理的这一基本目标决定了德育管理所包含的内容相当广泛，如德育的思想管理、组织管理、人员管理、财物管理、信息管理，等等，在此我们择要对其进行分析。

二、德育管理的基本内容

1. 德育思想管理

德育思想管理就是要提高全体教育者对德育和德育管理的认识，帮助他们树立正确的德育工作观，激发其从事德育工作的热情，提高其德育管理行为的科学化程度，从而增进德育管理的质量与效率。

现今，学校领导应着重引导教育者确立如下德育工作观：

（1）德育核心地位观——充分认识德育在素质教育中的核心地位。真正理解德育是关系到学生成长、国家发展的大事，增强德育工作者的使命感和责任感。

（2）学生主体观——在德育管理中要摒弃不顾学生实际、单向灌输传统德育观念的做法。确认学生的主体性，充分尊重学生的需求，认真研究学生的特点，鼓励学生进行自我教育和自我管理，引导学生参与学校的德育工作管理。

（3）系统整体观——通盘考虑涉及德育管理的各种因素，进行系统的设计和组织实施，注意各个部门、人员、活动之间的衔接与联系，努力发挥整体效应。

（4）全员参与观——要形成"人人都是德育工作者"的意识，政治课教师、少先队辅导员、共青团书记、班主任等是德育管理的主力军，其他科任教师、职工等也应积极配合学校的德育管理工作，形成全员参与的德育管理格局。

（5）开放互动观——认清社会与家庭对学校德育及德育管理的影响，理解学校、社会、家庭之间的开放互动关系，消除试图将学校封闭起来的陈旧观念。既坚持学校在德育工作中的主导地位，同时又注意发挥社会各界和学生家长的作用。

为确立上述德育工作观，学校管理者应鼓励广大教师阅读有关德育的书籍，学习必要的德育理论，了解中小学德育管理的最新动态。与此同时，要在学校中开展德育工作研究，当前学校德育及德育管理面临着许多新问题，需要通过研究来提高认识，找到实施德育工作的有效途径。

2. 德育组织管理

德育组织管理就是要在学校中建立必要的德育机构，形成完善的组织系统，制订行之有效的管理程序。国家有关文件规定，校长尤其是分管德育工作的副校长要全面负责学校德育工作的组织领导，保证德育工作计划、时间、人员、经费的落实，健全德育工作指导小组，理顺教导处、年级组、教研组、班主任和团队组织在德育工作中的相互关系，确保学校德育工作合力的形成。学校党组织起核心和监督保证作用，支持和协助校长做好德育工作，同时加强对工会、共青团、少先队工作的领导，充分发挥它们在改善德育和德育管理工作中的积极作用。

关于农村中小学德育管理机构和组织系统的设置，各地在实践中形成了几种基本模式。

（1）二级制：在校长领导下，设立校级德育管理职能机构——教导处或政教处，班级作为学校德育工作的基层单位，构成校、班二级德育管理系统。学校的共青团、少先队、学生会隶属于党支部领导系统，教学班建立班委会、团支部、少先队中队等学生基层组织。

（2）三级制：在校与班之间增设年级组，统管本年级的德育工作，形成校、年级、班三级德育管理系统。通常，二级制适合年级数和班级数都较少的学校，三级制适合年级数和班级数都较多的学校。

（3）教导合一制：在校长之下只设立教导处，作为校级德育管理职能机构，在这种模式中，教导处既管教学又管德育，既管教又管导，教和导合二为一。不过，在教导处教务工作和德育工作又有专人负责，分工管理，只是分工不分家。

（4）教导分立制：校长之下分设教导处和德育处或政教处，前者管教学工作，后者管德育工作。一般来说，规模较小的学校常采用教导合一制，而规模较大的学校可实行教导分立制。

（5）委员会制：不设政教处，而设学生思想工作委员会，负责统筹全校学生的德育工作。无论哪一种形式，一定要从自己学校的实际出发，追求德育的实效性。

德育组织管理还应包括必要的制度建设，如德育工作的岗位责任制、检查评比制、奖惩制、协调制、工作研究制度等。通过制定完善的规章制度，并严格贯彻执行，学校德育管理工作就能取得比较好的效果。

3. 德育渠道管理

实现德育目标有多种工作渠道，德育管理要抓好主要渠道。

（1）教学途径的德育管理。

思想政治课是德育的主要课程，在诸多渠道中居于特殊重要地位，为此学校要加强管理。学校领导应派专人负责思想政治课的建设，保证教师的配备和教学时间。与此同时，还要加强思想政治课的教学研究，将思想政治课从"应试教学"中解脱出来，改革思想政治课的考试评分方法，做到理论联系实际，真正促进学生思想素质的提高。其他各门学科则要克服教学中德育一般化、随意化的倾向。学校要组织力量在学习研究课程标准和教材的基础上，归纳出各学科、各章节的德育"渗透点"，供教师在备课、上课等教学环节中参照执行。

（2）班主任工作管理。

班主任承担着大量德育任务的落实工作，其工作优劣直接影响到德育的效果，因此学校要高度重视班主任工作管理。学校要选思想品德好、业务水平高、组织能力强的教师担任班主任，在工作中要对他们充分理解、信任，并帮助他们解决工作中的实际困难。平时要加强对班主任的业务培训，不断提高其工作业务水平。

（3）共青团、少先队工作管理。

团队是学生自己的组织，是学校德育工作中最具活力的力量，在培养学生的自强意识、自治能力以及配合学校开展各项德育活动等方面具有不可替代的特殊作用。学校应强化团队工作管理，选配好团队的专职干部，关心学生干部的培养与教育。

（4）学生的自我管理。

中小学生已有一定的自我管理意识和能力，完善的自我管理是中小学德育管理活动所追求的理想目标，代表着德育管理的升华。为此，学校管理者应充分尊重和信任学生，通过开展各种相关活动，如小小校长助理制、班级值周制、校际班际交流活动、学生自办刊物等，为学生进行自我管理搭建舞台，让学生在独立处理问题的过程中增长才干，养成主体意识，提高自我管理的自觉性。

三、提高德育实效性的管理对策

近年来，我国的农村中小学德育紧跟时代的步伐，进行了一系列的改革，如加强爱国主义和行为规范的养成教育、改革思想政治课的教学、探索思想品德评价的新办法等，这些改革措施都产生了一定的成效，因而德育工作的总体形势是好的。但是与此同时，存在的问题仍然不少，与人们对德育的关注程度相比，与对德育工作的各种资源投入和产生的实际效果相比，与社会、时代对学生应具备的道德素质要求相比，德育低效或实效性不佳的问题尚未根本改观。

德育实效性差，不仅意味着投入的德育资源无法产生应有的效益，导致教育资源的浪费，更主要的是影响了学校培养出来的人才的质量。必须看到，不讲求实效，是德育形式主义的表现，这样的德育不会有生命力，而且会使人对德育的地位和作用产生怀疑。因此，提高德育的实效性是德育工作管理中一项十分紧要的任务。

1. 影响着学校德育的实效性的因素

（1）德育目标存在偏差。

德育目标与德育实效性之间有着直接的关联。当前，农村中小学德育目标设定的不合理之处突出地表现在两个方面：

一是标准过高，没有考虑学生的年龄特征和接受水平，以及社会主义初级阶段国民思想觉悟、道德水平、文化素质等现实情况，制定的政治和道德标准过高，致使学生丧失了实践的信心、兴趣和动机，甚至养成言不由衷地说假话和说空话的习惯。

二是顺从取向，即把是否"听话""顺从"作为衡量学生品行的价值尺度，这种价值取向忽视了学生的主体性，使学生成为德育的被动受体，导致他们选择能力的退化。

（2）德育内容脱离实际。

不可否认，我国学校德育在内容上存在着过于强调道德知识的体系化和逻辑化的倾向，而将很多与社会实际生活密切相关、学生在日常生活中常常接触又很感兴趣的社会道德现象排斥于课堂之外。这样，由于德育内容与学生生活经验割裂，德育也就失去了吸引力。

（3）德育方法过于简单。

长期以来，我们在德育方法上形成了一套简单化的基本定式，其主要表现为：注重单向灌输而轻视启发引导，突出统一要求而忽略个别差异，强调外在管理而弱化主体作用。这种简单化的方法无法激发学生道德认知的积极性，难以引起道德情绪体验，进而直接影响了德育工作的效果。

（4）德育工作者素质不高。

与转型期社会发展对德育的要求相比，德育工作者的自身素质亟待提高。德育工作观的滞后，与学生平等对话、提高学生道德选择力、引导学生作出价值判断和洞察学生心理问题等方面能力的欠缺，是目前普遍存在于德育工作者身上的主要问题，这也阻碍了德育实效性的提高。

2. 德育工作的管理措施

针对上述问题，有必要采取旨在增进农村中小学德育实效性的管理措施，包括：

（1）加强德育的科研工作。

为了适应时代的变化，德育工作者必须认真研究新形势下的德育规律，在德育目标的设定、内容的选择、方法的运用等方面作出相应的调整。为此，学校管理者要鼓励教师结合自己的工作开展德育课题研究，并将研究成果运用到实践中去，以德育科研推动德育工作的改进。

（2）抓紧德育的质量管理。

德育质量管理是提高德育实效性的有力措施。要克服"智育是硬指标、德育是软指标"的错误思想，重点抓好如下工作：制订具体明确的德育工作质量指标；做好德育工作的检查和督促，及时提出改进建议；认真总结德育工作的经验和教训，提高德育工作的水平。

（3）提高德育队伍的素质。

建设一支高素质的德育工作队伍，是搞好德育管理、提高德育实效性的重要保证。为此学校管理者要把好德育工作者选聘关，提高他们的起点素质，并为他们创设必要的工作条件以及合理的待遇，同时向他们提供各种培训机会。

（4）完善德育工作网络。

德育工作网络除了校内德育组织机构外，还包括社会（社区）教育委员会、居（村）委会教育领导小组、关心下一代工作委员会、家长学校、家长委员会等。要在校内外形成一种沟通机制，实现校内外联动的德育格局。

（5）创建良好的校园文化。

校园文化对于农村中小学生的思想观念、道德品质和行为习惯的发展具有不可忽略的影响。通过创建良好的校园文化来提高德育的实效性，是近年来许多中小学摸索出来的新经验，值得予以充分肯定。

第三节　体育卫生工作管理

一、体育卫生工作管理概述

体育卫生工作管理是学校实施国家教育方针，促进学生全面发展的一项重要工作。这项工作不仅对于正处于生长发育重要时期的学生增强体质、提高健康水平，进而推进整体素质的提高具有十分重要的意义，而且能为国家体育事业的发展、全民健身计划的落实、国民身体素质与健康水平的提升奠定坚实的基础。

学校体育卫生工作管理就是要充分发挥管理的职能，使体育卫生工作把握正确的方向，保证其工作质量，发挥其应有的效能。具体说来，要完成三项基本任务。

（1）贯彻两个条例，把握体育卫生工作的正确方向。

学校体育卫生工作必须认真贯彻国家的有关政策、法规，尤其是1990年由国家教委分别与国家体委和卫生部联合发布的《学校体育工作条例》《学校卫生工作条例》对中小学的体育卫生工作的基本任务所作出的明确规定，即增进学生的身心健康、增强学生体质、养成卫生习惯、预防疾病、坚持"健康第一"的工作方向。学校管理者要组织有关教师学习这两个条例，明确方向，认真落实学校体育卫生的基本任务。

（2）摆正位置，协调好体育卫生与学校其他工作的关系。

学校教育是一个包含诸多工作的复杂系统，体育卫生工作仅是其中的一项工作。所谓摆正位置，就是指在管理活动中，既要使这项工作的固有功能得以充分发挥，又要使其与学校其他各项工作和谐共存，相互促进。在协调体育卫生工作与学校其他工作的关系时，要防止两种倾向：其一，对体育卫生工作缺乏应有的重视，把抓体育卫生工作与抓教学质量对立起来；其二，孤立地抓体育卫生工作，就事论事，看不到体育卫生工作与智育、德育和美育之间的内在联系。

（3）严格管理，努力提高体育卫生工作的运行质量。

体育卫生工作的管理本身涉及诸多因素，如资源配置、队伍组织、时间落实、活动安排等。因此，每所学校对体育卫生工作一定要从实际出发，做好整体规划，建立政令畅通的指挥系统，对于每一项工作、每一个管理环节都要提出明确、具体的质量标准，从而使学校的体育卫生工作有序运行，高效地达成预期目标。

二、体育卫生管理原则

根据对学校体育卫生管理规律的认识，以及在学校管理实践中形成的行之有效的经验的概括，要做好体育卫生的管理工作，必须贯彻如下管理原则。

1. 体卫结合、健康第一的原则

在学校，体育和卫生是两项性质有所区别、任务各有侧重，但基本目标一致并密切关联的工作。体育致力于通过运动强身健体，卫生则着眼于疾病防治和养成卫生习惯，二者所追求的都是身体的健康，同时两项工作又有着非常密切的内在联系，体育若不讲究卫生，则难以达到健体的目的，而增强体质又是疾病防治的根本途径。正因为二者关系密切，所以在管理中务必把两项工作视为一个整体，统一规划。还须指出的是，确立科学的现代健康观对贯彻此项原则至关重要。现代科学的健康观认为，健康决不仅仅停留于身体素质好、无疾病，健康是个体对其生存的环境及各种环境因素的良好适应，包括人的身体、心理和社会适应三方面的健全状态。由此看来，健康第一的原则不仅在体育卫生工作中要坚决贯彻，而且还应渗透在学校教育教学的全部工作中。

2. 三育结合、全面育人的原则

体育卫生工作直接关注的是学生的身体，这是不错的，但是学生是一个完整的人，是有智慧、有思想的人，他总是带着某种知识、道德参与体育卫生活动，同时又在体育卫生活动中接受一定的知识、道德的影响。所以，体育卫生工作决不能仅仅停留于育"体"，而应充分发掘蕴藏于其中的智育、德育因素，把育"体"与育"智"、育"德"有机结合在一起，从全面育人的高度审视体育卫生工作。

3. 课内课外结合、普及提高兼顾的原则

学校实施体育卫生工作的途径，既有作为必修的课程，如体育课、健康教育课，也有未列入课程的各类活动，如课间操、课外体育活动、健康检查等，二者的组织形式不同，但在实现体育卫生工作的目的方面却各有不可替代的作用，故在管理上要统筹兼顾，相得益彰。此外，学校体育作为国家体育事业的一个组成部分，既有普及体育知识、开展体育运动、增强学生身体素质的任务，也有为国家体育事业培养和输送体育后备人才的任务，二者必须兼顾。但就中小学教育的性质、任务而言，毫无疑问，学校体育应以普及为主，以增强学生身体素质为己任，为学生的终身体育、终身健康奠定基础。

三、学校体育卫生管理的基本内容

1. 组织管理

为了对体育卫生工作做统筹安排，农村中小学需要建立一个由分工校长领导，教导处、总务处、体育卫生教研室参与的管理系统，并制订明确的责任分工制度。分工校长负责决策，教导处负责指挥、协调，总务处着重于提供设备、器械与后勤服务，体育卫生教研室负责活动的方案准备和具体组织安排。此外，班主任要协助做好本班的各项体育卫生活动安排，负责学校团队工作的教师和团队组织要积极配合。

2. 课程管理

纳入必修课范围的体育课和健康教育课是中小学实施体育卫生工作的重要渠道，但需要特别予以强调的是，对体育课程的改革也应给予足够的重视，要彻底改变学生喜欢体育活动但不喜欢体育课的现象。目前，一些地方正在积极探索中小学体育课的改革方向，如上海市第二轮课程改革方案中关于体育课改革的思路是：在"动"字上做文章，在"野"趣上求发展，增加实用性、趣味性与全民健身运动一致的内容，减去内容简单重复、动作复杂、技术要求偏高但实际价值不大的内容，实现由竞技体育向健身体育的转变。健康教育课必须根据我国青少年生长发育提前这一新动态，加强青春期健康教育，尤其是应该克服谈"性"色变的传统观念，向学生正面讲授关于性的基本知识，将性生理、性心理和性伦理三方面的教育融为一体，以帮助农村中小学生健康度过青春期，摆脱或减少成长的烦恼。

3. 课外体育活动和健康服务的管理

课外体育活动是学生体育锻炼经常化的重要组织形式，学校要按照《学校体育工作条例》的要求，组织安排好早操、课间操以及每周三次以上的课外体育活动，保证学生每天有一小时的体育活动时间，每年举办一次以田径项目为主的全校性运动会，并开展其他小型多样的体育竞赛。在普及的同时，学校可以从自己的条件和特点出发，抓好校运动队及其训练，以形成本校的传统体育项目。

在健康服务方面，农村中小学要重视学生近视眼的防治，采取切实有效的眼保健措施；对学生的心理健康应予以特别关注，设法配备心理教师，对学生开展心理教育和心理咨询服务；农村中小学还应根据条件定期对学生进行体质检查，建立学生体质健康档案。此外，对教育教学过程中的卫生管理也不应忽视。

4. 制度管理

体育卫生工作事关学生的安全与健康，管理必须规范化、制度化，因此，建立诸如《体育锻炼标准制度》《卫生监督制度》《疾病预防制度》及《体育场地、器械维修检查制度》等就十分必要。制度管理不仅要抓制度的建设，更要抓制度的执行与检查，以确保制度的名至实归而不致流于形式。

第四节　美育工作管理

一、学校美育工作概述

同农村中小学其他工作，如德育、教学、体育卫生等一样，农村中小学美育工作也对学生的发展具有重要的影响。我国著名美学家蒋孔阳先生在一篇文章中曾这样描述学校美育的作用：

1937年，抗日战争刚刚爆发的时候，我在初中读书。一天，来了两位抗敌宣传队的队员。他们把全校同学召集在一起，不讲任何一句话，只是唱《流亡三部曲》。先唱《松花江上》，全场唏嘘，无不痛哭。又唱《打回老家去》，全场的情绪立刻为之一振，所有的同学都沸腾了起来，恨不得立刻杀上战场。这是四十七年前的事了，但它给我的印象是那样深刻，以至当时不能抗拒，现在也不能忘记。像这种通过文学艺术以及其他的审美方式来打动人的感情，来对人进行教育，使人在心灵深处受到感染和感化的活动，就是我们所说的审美教育。

美育一般又称审美教育、美感教育。它的根本任务是培养和提高人们对现实世界（包括自然和社会）以及文学艺术作品的美的鉴别、欣赏和创造能力，陶冶人的情操。提高人的生活情趣，使人在思想、情感和行为习惯上变得健康、高尚和积极向上，从而达到全面发展的目的。正由于美育对人的发展有如此重要的作用，因此可以说，在现代学校教育中，缺少了美育的教育是一种不完全的或有缺陷的教育。

农村中小学美育与农村中小学德、智、体等教育之间有着密切的联系，它们互相影响，相得益彰。例如，高尚的道德情操及道德行为往往与追求美的理想联系在一起，在对学生进行道德教育的同时，如果结合审美教育，就能取得比较好的效果。美育与智育也能相互促进，要提高审美能力，就需要学习文化，增进科学知识；反过来，有了高尚的审美情趣，对知识的渴望和对科学的追求也会更加热烈。良好的审美活动，可以使人情绪饱满、心情舒畅，这对人的身体健康也十分有益。所以，每一个学校管理者都不应把美育工作看做是学校的额外负担，而应把它看做是学校整个教书育人工作不可分割的一部分。

当前我们正大力推进素质教育，从培养学生综合素质的角度来说，农村中小学审美教育的内涵及其作用实际上是多方面的。

1. 它是一种爱美的教育。人都有爱美之心，通过培养学生爱美的情趣，最终达到激发学生热爱生活、热爱自然的目的。

2. 它是一种情感的教育。美总是和感情联系在一起的，人见了美的东西，总是向往、迷恋。正如列宁所说的："没有'人的感情'，就从来没有也不可能有人对于真理的追求。"通过学校审美教育，就能使学生懂得美，热爱美，而且通过感情灌注，走向更高的追求和更崇高的精神境界。

3. 它是一种人品的教育。审美教育是培养学生人品的一个重要方面，它在学生的爱好和娱乐中，在处事接物中，在艺术欣赏中，不知不觉地潜移默化，把学生塑造成具有高尚人品的人。

4. 它是一种艺术的教育。艺术给人以最充分、最完美的美的享受，最充分体现了人对现实的审美态度，最能陶冶人的情感，培养人的品格。

5. 它是一种娱乐的教育。学生的生活不仅包括学习，还包括娱乐和休息。学校开展美育活动，引导学生进行健康的娱乐活动，就能提高学生生活的品位，丰富其课外生活的内容，这对学生综合素质的提高是大有帮助的。

鉴于学校美育对于学生培养和发展的意义及重要性，每一位学校管理者都应该高度重视学校美育工作，把它看做是当前实施素质教育的一个重要手段。

二、农村中小学美育管理的基本内容

从农村中小学工作的实际出发，从以下几方面来设计和组织学校的美育活动。

1. 精心组织艺术类课程的教学。

农村中小学的音乐课、美术课等都可看做是艺术类课程，它们不仅属于艺术教育，更是开展学校美育的极好途径。学校要按课程标准的要求开足音乐课程、美术课程，决不能以语文、数学、外语等课程的考试为由随意压缩甚至停开艺术课程。此外，艺术课程的任课教师也应精心备课，认真教学，在课堂上不仅要讲授必要的音乐或美术技能、技巧，更要注重培养学生对音乐及美术作品的鉴赏能力，让学生从对音乐和美术的学习中认识美，感受美，从而达到感情的升华和精神境界的提高。

2. 将美育渗透于各科教学。

农村中小学审美教育不仅仅是音乐课或美术课的事情，其他学科也能在这方面发挥作用。如政治课上可以把道德知识与审美观念结合起来讲授，使学生认识到什么才是心灵美、行为美；历史课和地理课可以介绍历代的文化艺术珍品及大自然的壮丽景象；语文课可以让学生欣赏优美的文学作品，从中领会富有美感的意境；体育课更是健与美结合的课程；甚至数理化等学科也可以让学生一边学习科学知识，一边体验科学思维的精巧和严密，从而感受到一种抽象美和逻辑美。

因此，学校管理者应该教育每一位教师，不管教什么学科，都有责任和义务结合各自的教学，向学生进行审美方面的教育。

3. 大力开展相关的课外活动。

农村中小学美育工作应该提倡课内和课外相结合。如学校可以成立美术、诗歌、舞蹈、歌咏、集邮、体操等课外活动小组，可以定期召开学校艺术节，并组织学生走出校园参加春游、秋游活动，还可组织、指导学生写生、摄影、采集标本、撰写诗文等。通过上述一系列活动来提高学生审美和创造美的能力。

4. 美化校园，营造愉悦的校园环境。农村中小学生每天来到学校，看到一个愉悦而优美的校园环境，可以说是最形象的审美教育。学校要合理布局和规划，做到卫生、整洁、和谐、绿化，符合环保要求，从而让学生一进校园，就情不自禁地产生一种"校园、花园、乐园"相互交融、浑然一体的体验和感受，使其身心得到健康的发展。

三、学校美育工作的原则

要使农村中小学美育工作达到最佳效果，必须遵循一定的工作原则。

1. 思想性与艺术性相结合的原则

艺术的形式多种多样，作为美育的主要手段，艺术教育不能只求艺术而不考虑其思想性。学校为学生呈现的艺术作品应该基调健康、高雅、积极、催人振奋，有助于精神文明的建设，而不应该颓废和消极。要做到这一点，农村中小学教师自身审美情趣和能力的提高是非常重要的。作为农村中小学校长，应该在这方面为教师创造一些条件，例如，请一些专家到校为教师作报告，适当组织教师聆听音乐会、参观博物馆等。这样，教师的眼界开阔了，才能更多地向学生介绍和展现既有艺术性又有思想性的一流的艺术作品，才能使学生从中得到美的熏陶。

2. 审美教育与学生的生活实践相结合的原则

对美的事物和艺术作品的感受、欣赏，是与一个人自身的生活实践分不开的。越是经历过的东西，感受越深。例如，参加过艰苦的劳动，才会对赞颂劳动的歌曲有深切的体会。为了让学生有更多的生活实践体验，学校要创造条件，组织学生多参加有助于身心健康的社会实践活动，或者走出校园，到大自然中进行考察、观赏，只有这样，学校的美育工作才能达到较好的效果。

3. 全面发展与因材施教相结合的原则

农村中小学美育工作应使全体学生的审美才能都得到发展，但每个学生对艺术的感受和鉴赏能力是不一样的，有的长于绘画，有的爱好音乐，这其中有能力提高的问题，但也不可否认有天赋差异的问题。因此，农村中小学在注意培养全体学生审美能力的同时，也要注意挖掘个人的特殊才能，即所谓因材施教。农村中小学成立相关的兴趣小组，目的也在于此。在全面开展美育活动的同时，学校要注意发现具有特殊艺术天赋的学生，及时向有关艺术教育机构推荐，为其进一步深造创造条件。

4. 美育实施与学生的年龄特点相结合的原则

不同年龄阶段的儿童对美的欣赏和感悟能力是不一样的。

例如，有学者分析说，美与美感从内容的性格特点来分，可以分出四种类型：

①优美——怡悦；

②壮丽——惊赞；

③崇高——悲剧性；

④滑稽——喜剧性。

在儿童的审美教育中，前两类宜于大量采用，后两类则应谨慎，注意适度。中学生与小学生对美的体验无疑是不同的，小学生在认识美的时候，思维带有更多的具体性、形象性，他们更追求直观感受，但不善于分析和评价；而中学生随着理解能力的增强，抽象思维得到发展，能进行分析和评价。认识到这一差异，学校就应对不同年龄阶段的学生提出不同的美育要求，在活动的组织形式及内容选择上，都应有所侧重。

四、农村学校美育工作的探索

某校地处农村，随着近年来国家经济结构的调整，许多农民进城务工或外出经商，带回了多元的异地文化和开放的思想，给学生的教育和发展带来了积极作用。但正因为这样，全校有近30％学生的父母不在身边。受多方面因素的影响，该校学生在品德方面存在很多问题，表现为：过于重视经济利益，金钱至上的思想严重；以自我为中心，团队意识淡薄，爱心不足；心理脆弱，抗挫能力差；文明程度底，缺乏诚信；卫生习惯差；奢侈浪费现象严重；厌学情绪重，辍学现象不断发生。

针对学生在发展中存在的诸多问题，该校树立了"一切为了学生，为了一切学生，为了学生的一切"的思想，积极探索有效的教育方式以提高学生的思想道德水平。农村中小学领导和教师针对学生中存在的问题，努力探索新时期农村中小学德育的有效途径，采取了以下措施：

1. 建立学校德育管理系统。

学校建立了校、处、班三级管理网络，明确德育管理的职责。由校长、政教处主任、团委书记和班主任组成德育领导小组，并与教导处、总务处建立横向联系。

2. 明确责任，调动每位德育工作者的积极性。

农村中小学制订了班主任工作职责和考核细则，并提出要在学科教学中以知识为载体渗透德育。德育以各学科教学为载体，实现知识与道德、教学与教育、教书与育人效果的统一。

3. 更新观念，针对现实问题开展相关德育工作。

针对新形势下青少年成长的特点，农村中小学加强以下六个方面的教育：爱国主义教育，良好的学习习惯、生活习惯和行为习惯教育，艰苦奋斗教育，适应社会生活能力的教育，心理健康教育和国防教育。学校安排的德育内容紧贴学生生活实际：首先，学校制订了学生在校生活的行为准则；其次，随着交往范围的扩展，学生遇到了一系列道德困惑，学校便针对这些困惑开展相关教育。学校德育工作的落实主要表现在以下两个方面：一是加强管理，在管理中突出"严"、"新"、"恒"；二是严格训练。学校一直坚持举行庄严的升国旗仪式，对学生进行爱国主义教育；每年开展行为习惯的训练，以帮助学生形成良好的行为习惯；建立心理咨询室，帮助个别学生走出心理困境。

4. 加强校园环境建设，充分发挥环境的育人作用。

为了创设一个"时时受教育，处处被感染"的德育环境，学校建立起健全的德育阵地——宣传栏、黑板报、广播站、阅览室、团队活动室等。

5. 树立整体观念，加强综合研究，强调整体效益。

农村中小学树立了德育的整体观念，同时加强综合研究。学校领导强调在学校教育教学整体改革中加强德育研究过程和德育成果转化。学生的个性与品质是互相联系、互相制约的，学校实施德育的多种途径也各自发挥独有的教育功能，互相配合，互为补充，形成有机整体。农村中小学立足大教育的观点，努力做到学校教育、家庭教育、社会教育三结合。

领导者的教育与其表率相结合的原则作为学校美育工作的带头人，农村中小学领导者要想在学校中大力倡导美育活动，首先就必须自己做出榜样。这就要求领导者衣着整洁、言谈举止文雅端庄，特别是思想境界要高，要做精神文明建设的榜样。同时，他还要引导教职工做到思想进步、情感健康、语言优美、行为文雅，只有这样，才能以美的心灵、美的语言、美的行为直接影响学生，提高学生审美、爱美的意识和良好的道德情操。

第五节 总务工作管理

一、总务工作管理概述

总务工作管理主要涉及对学校经费和学校的环境及设备、设施这两个大类的管理。总务工作管理在学校管理中具有不容忽视的地位，这项工作关系到开展教育教学活动所必需的物质条件能否得到保障，从而也对教育教学的质量高低产生间接的影响；同时，总务工作管理也负有育人的责任，是服务育人、管理育人的一条不可忽视的途径。

二、中小学总务工作管理的基本任务

中小学总务工作管理的基本任务可以概括为：

1. 做好思想工作，调动总务工作人员的积极性。首先，学校领导要充分认识到总务工作的重要性，教育总务部门的人员热爱本职工作。使他们认识到做好总务工作可以促进学校安定团结，稳定教学秩序，提高教学质量。使他们真正认识到总务工作的重要意义。

2. 当家理财，使学校教育经费得到合理使用和规范管理，根据不同的阶段和实际情况制订不同的计划和规划。对于为学校长远发展奠定物质基础的校产如校舍、设备，校园环境建设等要有长远的规划。然后依据长远计划和规划制订年度计划，如"年度财务预算"、"年度基建计划"、"校园绿化"、"教学设备投资计划"、"维修计划"等，从而使学校的教育经费得到最大程度的合理化的利用。

3. 完善设施，做好学校教育教学所需的各类设备设施的供应，努力推进学校教育手段现代化的进程。

4. 用好设备，制订各类教育教学设备设施使用制度，做到既物尽其用，充分发挥设备设施的使用价值，又尽量减少损耗，延长其使用期限。

5. 搞好总务工作的队伍建设。打造一支精明强干的总务干部队伍，是做好总务工作的基础。总务工作人员应该具备的基本条件是：思想上有高度的责任感，工作扎扎实实，敢于负责，处理问题果断，在执行政策上既能坚持原则又能从学校实际情况出发，灵活解决问题。作风勤勤恳恳，廉洁奉公。有一定的文化水平，并掌握一定的财会业务知识。身体健康，能坚持工作。

三、中小学总务工作管理要求

1. 提高服务质量。

总务工作是为教育教学服务、为师生员工服务的，其服务质量将会影响学校教育教学的质量。因此，总务管理必须以提高服务质量为核心。首先，总务工作人员要增强服务意识，想学校教育教学之所想，急师生员工之所急，主动了解教育教学工作的需求，做好物质供应工作；其次，在财力、物力等资源配置上，要优先满足教育教学之需要；再次，总务后勤工作的安排要考虑教育教学工作的特点，努力创设良好的学习环境，妥善安排好生活服务。

2. 注重经济效益。

总务工作的对象主要是钱和物，但归根到底是钱。然而在任何学校，教育经费总是有限的，这就要求加强成本核算，对钱和物的管理充分讲求效益，把经费用在最需要的方面，使有限的经费发挥最大的效用。

3. 严格审计，严禁违规行为。

近年来，国家三令五申严禁中小学乱收费，学校领导对此要给予充分的重视，不仅自己要以身作则，而且要督促学校后勤部门严格把关，认真做好审计工作，一旦发现有违规现象，就应立即采取措施予以杜绝。

四、总务管理的主要内容

1. 财务管理

财务管理指学校教育经费的收入、支出过程的管理。学校的经费按其来源可分为预算内经费（指国家拨给学校的教育经费）和预算外经费（指国家预算之外，学校根据政策规定收取的各类经费）。无论是预算内经费还是预算外经费，都要遵循"量入为出、统筹兼顾、保证重点、收支平衡"的原则，切实搞好财务管理工作。为此，农村中小学总务部门应做好经费预算，完善本校的财务管理制度，规范经费的使用，制订财务公开制度，形成教职工参与经济管理、加强民主监督的机制。

2. 设备管理

教育设备是学校开展教育活动的基本物质条件，它主要包括教室和实验室设备、电化教育设备、图书馆设备、卫生保健设备、办公及学校生活方面的设备等。设备管理最主要的是要"保障供给"，即凡有条件的地区，力求做到设备配置的标准化，如图书馆的藏书量、实验室及实验器材配备等达到教育行政部门规定的要求。经济发达地区则力求设备配置的现代化，如建立语音室、微机房、多功能演示厅等。设备配置同时需要注意有利于学生的生长发育，如课桌椅的配备应考虑当前我国青少年学生发育提前、身高增长的趋势。总务工作不仅要管设备配置，还要抓设备的使用、维修及保管。为此应当制订诸如设备保管责任制度、设备使用借用制度、实验室制度等，以确保每件设备的管理责任到人。同时，还应对师生开展爱护公物、遵守设备使用制度的宣传教育，真正做到管理育人、服务育人。

3. 环境管理

这里所说的环境主要指的是由校舍、场地、花草树木、道路等构成的教育的物质空间，以及由这些物质所折射出来的文化内涵。环境建设历来受到教育家们的重视，因为良好的学习工作环境是影响教育教学效果的重要因素，也是行之有效的育人途径。环境管理首先需要对学校的用地和校舍进行整体规划，使之成为功能齐备、布局合理、富于教育特性的育人场所；其次要十分重视校园的净化、美化、艺术化，如根据学校的办学思想和办学传统，设计一些富有文化教育意蕴的建筑小品、雕塑，种植花草树木，开辟植物角等。校园环境的建设与管理必须吸引师生共同参与。此外，环境管理切不可忽视对学校建筑物进行定期检查，及时维修，把不安全的隐患消灭于萌芽状态。

4. 生活管理

生活管理是学校管理中的一项"民心工程"，与广大师生的学校生活息息相关，管理者切不可掉以轻心。生活管理应着重抓好三件事：一是学校师生的饮食饮水，要严把卫生关，确保饮用水的供应，注意膳食营养结构合理化，有条件的学校可推广学生饮用奶。二是有住宿师生的学校要配备好宿舍的基本生活设施，制订宿舍管理制度，使住宿者有一个良好的休息环境。三是做好教室、办公室的防暑降温、防寒保暖工作，改善师生的工作学习条件。此外，学校还应想方设法为教职工谋福利、做实事，以改善教职工的生活待遇。

五、总务管理工作的改革

随着社会主义市场经济体制的初步确立与教育管理体制改革的深入，学校总务后勤工作正在发生着深刻的、彻底的变化，总务后勤的社会化、市场化和企业化管理是其中最令人瞩目的三大趋势。

1. 后勤管理社会化

这一趋势主要表现为长期困扰学校后勤管理的难点——食堂与宿舍的管理发生了变化。在一些城市的中小学，学生的午餐由校外的专业餐饮公司经营。还有一种做法是把学校的服务部门，如食堂办成独立或半独立的经营实体，由其独立经营，自负盈亏。一些学校把学生宿舍交由社会的物业公司管理，在一些条件较好的中小学甚至出现了由社会建造、专业物业公司管理的学生公寓，还有一些农村中小学将学校的保洁工作交由专业的保洁企业承担。我们预计，这种社会化的趋势还将随着住房制度改革、医疗保险制度的推行和学生贷款制度的实施进一步得到发展。

2. 学校项目与设备购置的市场化

近年来，很多农村中小学在基建维修、教育教学设施购置及替学生代办学习、生活用品等方面也开始打破计划模式，走向市场，如采取招标的形式修建校舍、选择能提供优质服务的餐饮公司提供学生午餐等。这样既节约了教育经费，又保证了所购物品和基建项目的质量。

3. 后勤服务的企业化管理

现在已经有越来越多的学校对所属后勤单位采取了企业化管理的方式，即让其独立核算、自负盈亏、工资奖金承包。也有一些地区将学校的企业全部交由上级行政部门管辖的校企公司统一管理，甚至连绿化等服务性工作，也有学校尝试采用承包制管理、专项聘用等方法。

以上围绕学校后勤总务管理出现的这"三化"趋势，已对传统的学校后勤管理模式产生了强烈的冲击，应该说这些趋势从总体来说是必须充分肯定的，它扭转了过去计划经济时代"学校办社会"的管理模式，适应了社会主义市场经济体制发展的需要，有助于学校领导把主要精力放在教育教学工作上。当然，在这一过程中也遇到了一些问题，如学校与社会及企业的协调问题等，对此我们也必须认真加以研究，努力探索既符合市场规律又不违背教育规律的方法和道路。

第四章　农村中小学校长的重点工作

第一节　义务教育的普及问题

百年大计，教育为本。教育既是民族的希望，也是农村脱贫致富奔小康的希望所在。农村义务教育的好坏直接关系到国家的兴衰和长治久安，随着九年义务教育的普及，我国农村义务教育的普及已然收到了很好的成效。农村义务教育的根本目的是提高全民素质、稳定社会、发展经济、强盛国家。拥有 9 亿人口的农村，其基础教育的成败对整个国家的未来具有举足轻重的作用。但是以往的义务教育都不是真正完全免费的全民义务教育。全国在"十一五"期间全部实行免费义务教育的序幕已经拉开，农村的义务教育进入了一个新的历史时期。然而在中国经济飞速发展的今天，农村义务教育政策现实中仍然存在很多问题。

一、当前农村义务教育的现状和问题

（一）农村经济发展落后，农村义务教育环境与城市之间存在较大的差距

由于农业经济发展缓慢，农村财政紧张，各种经费特别是义务教育经费严重不足，从而导致农村学校的持续发展难以实现。农村学校的环境相当艰难。从硬件来看，农村学校教学和办公环境、教学仪器、试验设备、图书资料和城市相比有天壤之别，有些学校根本就没有看见过电脑，也没有图书室，有也只是聊胜于无。有些学校危改资金缺乏，潜在的安全危险仍然没有消除。以前分级办学，以村为单位负责，区县为辅；改革后农村以区县为主，上面的资金不能到位，农村的危房改造出现真空。目前在农村，一方面由于生源减少，主要来自于计划生育和外出打工，学校进行合并，有些学校没有学生，成了空的；

另一方面，村里面因为普及九年义务教育的债务，又把学校固定资产作为偿还债务的重要资本，学校合并并未形成资源整合，达到改善学校环境的目的。很多学校的校舍年久失修，房屋漏水，卫生条件状况很差，现代化教育环境离他们还很遥远。在此环境下成长起来的农村孩子，在文化素质、综合素质和心态等方面都严重滞后于城市，客观上造成城乡教育的不平等，加深城乡之间的隔阂，长此以往，将严重影响社会安定。

（二）农村师资力量薄弱，教师待遇差，教育质量无法得到保障

农村教师工资普遍较低，大学毕业生都不愿意到农村去教书，所以农村中小学的教师整体素质比较低，而现存的人事制度和管理制度又严重制约着师资力量的调整。例如，农村地区的教师不是超编，而是缺编，50岁以上的老师又偏多，因为工资低，优秀的老师和毕业生都不愿意来。一般说来，农村高级教师每个月工资才1000多元，一般的老师只有600多元，民办的代课老师只有200多元，有些教了30多年书的民办老师只有300多元，这样还不如出去打工。尽管如此，很多想要进来的毕业生还是进不来。一方面主要的骨干教师大量流失，尽量往城里调，另一方面，学校宁愿增加代课教师，因为一名公办教师的工资相当于五六名代课教师的报酬。在农村很多学校，没有体音美教师，老师往往是全才全职，什么课程都教，如此其教学质量可想而知，很多学生到了六年级还不如城里的二三年级的学生，连自己的姓名都拼写不出来。

（三）义务教育的教育经费严重不足

现今，农村的义务教育的教育经费严重入不敷出。国家对教育的投入远远低于发达国家，教育经费的投入远远跟不上农村教育发展的需要，近乎杯水车薪。

2005年第二轮农村税费改革彻底取消了农业税，也给农村义务教育投入体制带来了极大的影响。税费改革前，农村教师的工资主要来源于四个方面：乡级财政拨款、农村教育费附加、从学生中收取的教

育集资和中央转移支付；税费改革后，教育集资和教育附加被取消了，乡级政府和农村不再直接承担义务教育的财政责任，其经费基本上全落在县级政府身上，而大多数县财政较为紧张，基本上为吃饭财政。这使部分财力薄弱的县不堪重负，于是出现了教师工资难以兑现、教育负债偿还无期、学校正常运转困难等问题。在缺乏国家财政拨款大力支持的前提下，农村教育部门由于财政困难，不得不把增收超过学费的杂费变成最主要的经济来源，来维持学校的正常运转。尽管农村中小学校教师的工资发放已基本有了保障，但是农村中小学公用经费和修缮投资经费不能得到落实，学校公用经费运转困难重重；有部分学校欠债问题久拖不决，利上加利，学校已不堪重负。为了学校的发展和老师的福利，学校就想办法变相从学生那里收取各种费用。

（四）义务教育课程设置的滞后性

实施义务教育的过程是一个相当长的错综复杂的改革过程，其中的改造教育思想、重新设计课程、制订评价标准、改革教学活动等都需要有专门的研究。

从目前中国的实际情况来看，农村主要还是在追求"应试教育"，片面追求升学率阻碍着课程改革。同时，课程改革总是受到具有守旧思想的教师、学校和家长的强烈反对，因此改革总是迟缓的。长期以来，农村教育"克隆"城市普通教育的模式，即除了不断升入高一级的学校外，再没有其他的功能。农村与城市采取相同的教材、教法、进度，这与农村的实际情况相距甚远，由于在学校硬件、师资水平和资讯等方面的天然劣势，根本不可能都去上大学。绝大多数的农村学生，只能成为极少数尖子生的陪衬，成为这种教育体制和目标的牺牲品。他们中的大多数，面临"升学无望、就业无门、致富无术"的尴尬处境，农民感受不到教育的经济效益。但是同时，乡镇企业面临缺乏大量的初、中级技术人员、经营管理人员和有一定技术基础的工人的尴尬局面。

（五）学生辍学较多，"读书无用论"出现回潮

一方面受传统愚昧思想的影响认为读书无用而排斥教育，一些贫困地区地理位置偏远，与外界社会联系甚少，世代相传的生活方式和风俗习惯依然盛行。不少人思想观念陈腐，认为孩子在家劳动是天经地义之事，而送孩子（尤其是女孩）上学是一大损失；另一方面又受市场经济的影响，在大学生就业整体不乐观的大背景下，那些背负着很大债务学习的农村孩子，一旦毕业无法就业，相对而言对于他们较高的教育风险投资就得不到回报，而农村义务教育的出口又被堵死或者不畅，即升入高一级学校的出口有限和职业教育极不发达，导致学了知识在农村基本没有什么用处，使得农村"读书无用论"重新回潮，尤其是那些家庭比较困难而成绩又不好的孩子，受家庭财力的制约，对教育的需求也很微弱，很多中小学都没有毕业。

（六）社会发展过程中出现的一些新问题

随着我国计划生育的深入开展和人员流动的加强，农村的生源数量在不断下降，产生了一系列的新问题。主要表现在：（1）由于生源不断减少，人口分散，有些地区非常偏僻，学校进行合并后，学校不能相对集中，无法达到规模效益。加上交通等条件的限制，贫困地区"一师一校"、"中小学三年级以前教学班"或"复式教学班"屡见不鲜，使教学质量难以提高。（2）农村流动人口子女的义务教育也处于尴尬的境地。据推算，全国约有200万流动人口的子女处于义务教育阶段，确保他们享受义务教育是全社会的共同责任。然而，由于流动人口的特殊性以及各项配套措施尚不完善，又受到政策、经费管理困难等多方面的限制，他们的教育也常常是名存实无。

二、导致农村义务教育问题产生的几点因素

（一）农村经济发展落后是农村义务教育问题出现的根本原因

中国这几十年的发展，在某种程度上说，是以牺牲农业和农民的利益为代价的。长期以来工农业之间的"剪刀叉"严重制约了农村社会生产力的发展，成为影响农业效益和农民富裕的主要制度性因素。由于农

业发展缓慢，农民社会地位低下，农村教育自然也处于弱势的地位。

实行市场经济以来，稍微有头脑和能力的农民都出去打工，农村基本上是老弱病残和文化素质不高的村民留下来，这样的结果只能是导致农村积贫积弱的恶性循环。虽然打工者可以赚些钱回到农村来补贴，但是他们给城市所作的贡献更大，进一步拉大了工农业之间的差距。农村的发展需要政府加大投入和政策扶持的力度。发达国家一般是在工业化 10 年左右就已经开始反哺农业，我国已经进行了 20 多年，反哺农业已经是迫在眉睫的事情了。当然国家这几年对于"三农"的问题已经开始高度重视了。

（二）农村教育目标错位，升学教育、离农教育占据了主导地位

现行农村教育的最大问题，是教育目标的错位。长期以来，农村教育"克隆"城市普通教育的模式，这与农村的实际情况相距甚远。在国家实行高校全国统一招生考试制度下，由于在学校硬件、师资水平和资讯等方面的天然劣势，农村大学入学率，只有城市学生的十几分之一乃至几十分之一。绝大多数的农村学生，苦读八年（中小学五年，初中三年）只能回乡务农，因为缺乏生活技能，进城打工没门，搞二三产业无路，只好在家里闲着。毕业后的农村青年不能很快融入当地的经济活动，造成农村劳动力的巨大浪费和盲目流动。同时教育支出是农民最大的负担，很多家庭为此负债累累，陷入恶性循环。农村教育的办学方向不改变，这一现状也很难改变。但农村职业学校和继续教育受体制和农村产业化还不发达等多重条件的影响，还没有发展起来，导致"有校无生"的状况。

（三）财政体制、教育体制的改革，造成农村义务教育经费的不足

县、乡财政难以承担两次税费改革后的财政责任。长期以来，国家财政只负担城市义务教育经费，农村义务教育经费主要由农村、农民自己负担。义务教育投入体制改革后，60％左右的县级财政无力保证义务教育支出，农民的教育负担仍然很重，教育质量难以保证。

税费改革后，取消了农村教育附加费和大部分教育集资，使农村义务教育经费大为缩减。在农村地区，教育附加费是补充教师工资不

足部分的主要来源，农村教育集资则是改善校舍和办学条件的主要经费来源。国家对于义务教育大概是承担 9%，省里面承担 13%，大头由县里承担。教育经费几乎要占去县财政经费的半壁江山，还有公务员工资等很多事务需要完成，县财政就经常克扣其他的教育经费来维持县财政的正常运转。由于税费改革造成的经费缺口，只靠地方财政是根本无法填补的，学校公办、民办教师的津贴费和代课教师的工资没有了来源，只好纷纷外出打工。城乡之间同等教师工资差距一般是在一倍以上，按照市场经济的运行规律，必然是使好的资源流向城市，进而造成了城市越来越发展、农村越来越困难的马太效应，陷入了农村义务教育发展的恶性循环。

（四）社会、家庭、家长和其他因素的影响

教育产业化改革后，每年有大量大学生找不到工作。最现实的结果就是很多农民不愿意承担这种高昂的教育风险投资，读书无用论开始上升。20 世纪 90 年代以来，由于乡镇企业调整、农业生产资料价格上升、农业劳动力过剩等因素的影响，农村家庭收入增长甚少，甚至相对还在下降。家庭收入的减少直接影响农村学生的求学积极性。很多特困户、贫困户家庭辍学的原因就在于此。加上农村很多地区观念陈旧，家长文化水平低，没有法制观念，认为孩子上不上学是自己的私事，不知道送适龄子女读书是家长法定的义务。而某些家长只顾眼前利益，不顾长远利益，让学生辍学早点赚钱，也是一种很普遍的现象。

三、推进农村义务教育持续发展的几点建议

（一）促进农村经济发展是解决农村义务教育的关键

解决农村义务教育的关键是要发展经济。政府要转变解决农民、农村问题的指导思想，制订各项有利于农村经济和社会全面发展的制度，让农民有其利、有其权、有其教。要废除一切与民夺利的政策，建立支持和保护农民、农业的法律政策体系，通过补农、助农、护农，让农民拥有财富，享受不断提高的现代物质文化生活，保持发展经济的活力。要提高农村的社会地位，这既要清除来自社会的障碍，又要

清除农民自身的障碍，培养农民维权、用权的权力观。要提高农民自身素质，增强农民自身发展经济的能力。要改革城乡失衡的教育制度，教育投入要向农村有所倾斜。

（二）深化农村教育改革是推动农村教育发展的强大动力

深化农村教育改革，是推动农村教育发展的强大动力，它与农村经济发展是相辅相成，互相促进的。2003 年温家宝总理提出了深化农村教育改革的途径：

1. 推进教学改革。

农村中小学在实现国家规定的基础教育基本要求时，要紧密联系农村实际，突出农村特色。职业教育以就业为导向，成人教育以农民技能培训为重点，两者都要实行多样、灵活、开放的办学模式和培训方式，切实培养能真正服务于农村的各类人才，促进农业增效、农民增收，推动农村富余劳动力向二、三产业转移。要充分利用现代远程教育手段，促进城乡优质教育资源共享。

2. 推进办学体制改革。

在我国广大农村，教育资源不足同农民群众教育需求日益增长的矛盾越来越突出，并将长期存在。各级政府要加大投入，积极发展公办教育，同时要鼓励和吸引社会力量参与农村办学。办好农村义务教育，是各级政府义不容辞的责任；农村高中阶段教育和幼儿教育，以政府投入为主、多渠道筹措资金，努力形成公办学校和民办学校共同发展的多元办学格局。

3. 推进农村中小学人事制度改革。

办好农村学校，关键是要有好校长、好教师。要采取有效政策措施，吸引优秀人才到西部任教，鼓励城镇教师到乡村任教，通过定向招生等方式培养乡村教师，切实解决"老少边穷"地区乡村学校缺少合格教师和骨干教师不稳定的问题。

4. 推进"农科教结合"和"三教统筹"的综合改革。

要进一步建立和完善农业、科技、教育等部门的合作机制，有效统筹基础教育、职业教育和成人教育的资源，构建相互沟通、协调发展的农村教育培训网络和科技推广网络。要彻底转变鄙薄职业教育的传统观念，使农村职业教育在今后几年有一个较大发展。

（三）要建立部分城市教育资源为农村服务的体制

温家宝总理在很多场合强调了城市教育资源要为农村服务的问题。目前农村经济还不发达，尤其是中西部地区，因此还没有出现像沿海和国外高度重视农村教育的情况。在这样的条件下，需要政府加以政策的引导，需要先发展起来的城市教育资源来带动农村的发展。

各级政府要充分发挥城市教育资源的优势，更积极、更有效地为农村和农民提供服务，特别是要向他们培养输送合格教师。要扩大城市各类职业学校面向农村的招生，开展进城务工农民的职业技能培训。一定要让进城务工农民的子女有书读、有学上，和城里孩子同在蓝天下共同成长进步。发达地区城市应进一步做好对贫困地区教育的对口支援工作。

要广泛动员高校和科研所参与。对于农村的扶贫不能局限于项目和基础设施的建设，要逐渐转移到知识和技术的扶贫上来，由高校出技术，由农民出劳力，资金由几方共同投资解决，城市的高等院校和科研院所通过参与农村教育改革，发挥自己的优势，使自己的科研成果尽快转化为生产力，促进农村的现代化。同时高校要通过培养农村职业技术人员，通过农村职业学校逐渐形成规模和效益，把农村职业教育办起来，使得当地农民可以就在当地打工，促使当地企业和产业的发展。

要建立为农村经济和教育发展服务的科研体制，如建立农村教育研究所、农村科技推广培训中心、农村教育学院等。借鉴美国、日本、德国、韩国重视职业教育、继续教育和农村教育的经验，加强对农村发展的政策、科技、信息等各方面的理论研究。

（四）加大宣传力度，强化执法主体地位，预防辍学率的上升

认真宣传《中华人民共和国义务教育法》，强化各级教育行政部门的执法主体地位。

1. 依法健全和完善义务教育入学通知书制度。

每年开学前，地方政府必须向其辖区内的适龄儿童发放入学通知书，督促其监护人带领儿童按时到校报到入学，把好入学关，从源头上防止儿童辍学。在九年义务教育阶段，小学毕业升入初中应依法取消升学考试，让小学生上中学完全实现"直通车"。

2. 要依法健全和完善学生辍学报告制度。

每学期，教育行政主管部门及相关部门要做好辍学情况统计，统计工作要真实、客观。一经发现在校生辍学，立即发出复学通知书，责令其复学。对16周岁内辍学而拒不复学的学生，可依据《义务教育法》的规定，对其监护人采取行政措施，或依据《义务教育法》的规定向人民法院申请强制执行。

为了祖国的希望，民族的未来，我们必须重视解决农村义务教育，克服义务教育实施过程中存在的问题，进一步加强农村义务教育的实施力度。

（五）建立健全监督机制，保证农村义务教育健康发展

完善农村义务教育管理体制，是实践江泽民同志"三个代表"重要思想、实施科教兴国战略的重要内容；是进一步落实地方政府举办义务教育的责任，加强农村义务教育管理，保证经费投入，减轻农民负担，促进农村义务教育持续健康发展的治本之策；是提高农村人口素质，推动我国农村经济和社会长远发展的重大举措。党中央、国务院高度重视农村义务教育发展和完善农村义务教育管理体制问题，《国务院关于基础教育改革与发展的决定》（国发〔2001〕21号）明确提出，加强农村义务教育是涉及农村经济社会发展全局的一项战略任务，各级政府要牢固树立实施科教兴国战略必须首先落实到义务教育上来的思想，完善管理体制，保障经费投入，推进农村义务教育持续健康发展。

1. 明确各级政府责任，加强对农村义务教育的领导和管理。

农村义务教育实行"在国务院领导下，由地方政府负责、分级管理、以县为主"的体制。县级人民政府对农村义务教育负有主要责任，

省、地（市）、乡等地方各级人民政府承担相应责任，中央政府给予必要的支持。

2. 建立义务教育经费保障机制，保证农村义务教育投入。

地方各级人民政府要按照"一要吃饭，二要建设"的原则，调整财政支出结构，确保农村中小学教职工工资按时足额发放。农村中小学教职工工资要上收到县集中管理，按 2001 年国家统一规定的工资项目和标准将农村中小学教职工工资总额上划到县（实际发放数低于国家标准工资的，按实际发放数上划），并相应调整县、乡财政体制，由县按照国家统一规定的工资项目和标准，统一发放农村中小学教职工工资。

3. 完善人事编制管理制度，加强农村中小学教师队伍建设。

4. 建立健全监督机制，保证农村义务教育健康发展。

要逐级建立责任追究制度。凡是拖欠农村中小学教职工工资的县，不得用财政性资金上新的建设项目，不准机关盖办公楼、买轿车，不准领导干部出国，违者要追究领导责任。

四、关于农村中小学校长普及义务教育工作中的几点感悟

（一）端正思想，有强烈的使命感。

作为农村普通中小学的校长，他们面对着的是最基层的农民朋友，他们的办学理念、工作思路从一定程度上说是一个地区义务教育实施水平的客观反映，他们的工作作风将影响学校乃至乡镇教育干部的整体形象，所以他们肩负的责任是重大的，不能因为学校规模小，位置偏远，条件艰苦，学生家长文化层次不高等客观原因而降低工作的标准和对自己的要求。要尽最大努力、立足实际开展好工作，做到不舍弃，不放弃，不让一个孩子掉队。只有抱着这种负责的态度，我们才能有足够坚韧的意志品质面对农村义务教育普及工作当中遇到的困难和曲折。

（二）学校管理，以感情引领为主。

在学校管理方面，学校制度的制订要立足发展教师，而不是限制教师，既要靠制度去规范，还需要用感情去引领，作为校长要根据学校实际，更多地去关心、关注教师们的工作和生活，特别是规模小的

学校，要少讲大道理，多投入感情。学校有十多个、二十多个教师，如果校长凡事搬制度、讲原则，是根本行不通的，尤其是对那些年龄大的老教师，可能还会影响干群关系。所以，在处理一些事情上，要讲究方法，因地制宜，不能千篇一律、死搬硬套。比如在请假问题上，作为农村，风俗习惯是非常多的，原来有些老教师因农忙或是亲戚、街坊、朋友家里红白喜事需要请假是非常多的，从人性化角度出发在没有特殊工作要求的情况下，可以批准教师们请假，但是，我们也要通过思想工作让教师明白，作为一名人民教师，我们不是农民，我们的首要工作是教书育人。通过这样人性化的管理和思想动员工作的展开，使全校教职工有力地团结在一起，共同面对遇到的问题。这种团结产生的合力在农村义务教育普及的道路上是不可或缺的。

（三）关心教师，从小事做起，从细节入手。

对待教师少一点强制，多一份尊重；少一点限制，多一份人性。在工作上做到，对待老教师要爱中有严，对待年轻教师要严中有爱，和谐相处，共同发展。特别是农村中小学，年轻教师少，年龄大的老教师占比例比较大，要经常走到教师们中去，多倾听他们的呼声，关心他们的生活，从小事做起，从细节入手解决他们在工作、生活上的问题。比如在教师仪表方面，因为学校大部分是年龄大的民转公教师，家又在农村，所以在仪表上不是很注重，经常见男教师头发蓬乱、满鞋污渍就赶到学校，进入课堂，既影响了教师形象，又降低了课堂效率，针对这种情况，可以通过：一是在教师会上不断地讲教师仪表的重要性及其对课堂教学的影响，二是在学校经费允许的情况下，为每个办公室购置整容镜、梳子等护理用品，从而提示教师们对于自我仪表的关注。

（四）特色办学，使普通中小学不普通。

所谓办学特色是指学校在办学过程中所形成的独特的、稳定的教育风格。它是学校特性的体现，是一所学校区别于其他学校的显著标志；同时，也是一所学校的办学理念、办学目标的个性体现。作为农村中小学，要充分结合当地的风土人情、自然资源和地理环境等条件，立足学生、教师、学校的实际走特色办学之路。

（五）宣传报道，架起与外界沟通的桥梁。

因为是农村中小学，位置偏僻，所以，上级领导来得少，学校教师出去得少，信息相对闭塞，那么，怎样通过一种途径，让社会更多了解学校、关注学校发展呢？那就是做好宣传报道工作。作为农村中小学的校长更要重视学校的宣传报道工作，既要做到扎扎实实地干工作，还要做到大大方方地搞宣传。

作为农村普通中小学的校长，在工作上因为受客观条件的限制，在很多事情上是想到了但做不到，有的时候做到了，但却很少有人注意到。因此，要想干好一个农村中小学的校长，首先思想上必须做到能甘于清贫，耐住寂寞，扎根农村，服务农民。其次，在工作上要调整好自己的心态，加强学习，勤于思考，不断提高自身业务水平和管理能力，要恪尽职守，乐于奉献，为人师表，并随时为学校的发展多作思考，寻求更好的发展出路。

第二节　农村中小学师资的流失问题

国家大计，教育为本；教育大计，育人为本；育人以优师为本。教师是实现教育事业飞跃发展的最重要因素之一。由于我国区域经济发展的不平衡，"应试教育"仍根深蒂固，这些状况短时间内还难以改变，教师的职业压力就难免过大；同时，农村教师由于经济待遇不高、工作条件不理想等原因，有不少教师尤其是优秀教师就出现流失现象，且流失数量较大；教师流失问题已经成为制约当地教育发展的瓶颈，急需解决。

一、教师流失的主要特点

1. 从流向来看，农村教师流失具有单向性，流出教师职业不多，流向更好的学校或者到私立学校的很多。教师职业的流动尤其对流失学校呈现失衡状态。

2. 从地域看，农村教师流失从偏僻村小流向交通便利些的村小，从交通便利的村小流向片中或中心中小学，再流向乡镇中小学，或者直接流向大城市，进入私立学校或者出外务工的趋势。

3. 从任教阶段看，中小学教师多流向初中，初中教师多流向县城学校、乡镇高中或者直接外流。这种层层拔高，最终使处于弱势的学校出现缺少任教老师的现象也就不足为奇了。

4. 从年龄看，青年教师是最易流失的主体，集中在 30—45 岁之间，这些老师大多到私立学校任教，其中 35 岁左右的教师流失最为严重。任教 2—3 年的年轻教师能够申请停薪留职的，大多选择出外进修，并借进修时间考研；如果弄不到进修名额的就边上班边考研的居多。

5. 从职称看，流失的教师大都有较高的职称，并且有的还被评上省级或者市级骨干教师。这些教师当然也是他（她）所在学校的骨干教师。

6. 从学校看，乡镇初中和中心中小学教师流失比村小和片中的多。

7. 从性别看，在流失的教师中，男性比例要明显高于女性。

8. 从流失形式看，教师显性流失的量大，教师的隐性流失和潜在流失也不容忽视。

近年来，还有部分教师做生意、搞兼职以及由于教师职业倦怠等引起的教师隐性流失，考公务员热、考研热，不辞而别等产生的显性流失有增无减。从流失特点也可以看出，农村中小学教师流动是非良性流动，尤其是对于劣势学校来说，直接后果就是导致教师的流失。总之，农村义务教育教师存在流失现象，已是不争的事实。

针对农村中小学大多学校育人环境有待优化、学校管理理念、管理模式和管理方法等的滞后以及教师参与学校管理的缺失等现状，在上一部分管理学角度的原因分析的基础上，建议农村中小学校长从学校管理入手，构建教育管理新理念，从而有效控制中小学教师的流失。

二、校长应从学校管理着手，构建教师管理新理念

1. 优化学校育人环境

学校是社会系统的一个组织，既有自身的内部环境，也存在影响它的外部环境。学校环境的建设对教师的流失起着有效的预防作用。

为此，农村中小学校长应把优化育人作为促进当地教育发展的增长点，对校园环境进行改造，使校园在基础设施、绿化、美化等硬件和校园文化等软件方面有大幅度的改善。首先，重视学校发展环境的营造。科学规划学校布局，切实加大学校建设投入力度，努力改善办学条件，加强校园绿化、美化、净化和文化建设，使教师真切地看到学校的发展，让他们感到有奔头、有动力，以事业留人。其次，重视尊师重教环境的营造。当地领导和学校领导带头深入学校、深入课堂、深入教师、深入学生，增强为教师服务的意识，切实减轻教师负担，关心教师疾苦，关注教师专业化成长，从而增强教师职业信心，使当地教师能从工作中感到快乐，从而减少教师精力的外流。

2. 科学实施绩效差异分配

农村中小学在局部存在教师干好干坏一个样，他们的分配差别近乎没有，在一定程度上影响了教师的工作积极性，很多教师对工作敷衍塞责，得过且过。对此，建议对教师实施绩效管理，教师的待遇高低应该与他们的工作绩效挂钩，打破教师间分配的"一刀切"。尤其是在职教师的工资，除直发部分外，其余部分要纳入绩效分配之中，根据教师的劳动强度和工作质量，实行优教优酬、多教多酬、不教不酬的按劳分配的管理新模式，适度拉大分配差距，以体现教职工自身的劳动价值和人才价值。

3. 切实加强学校民主化建设

在农村中小学中，有大部分学校的教师参与学校管理的权力几乎完全丧失。对此，有必要完善教师代表大会制度，通过教代会这一载体，学校领导定期对涉及学校重大决策、教师切身利益、学校财务收支等方面的情况，如实地向教职工公布，以激发教师的主人翁意识和参与热情；加强学校领导班子建设，实行述职、账目公开、重大决策征求意见制度等民主化措施，充分发挥工会组织在维护教师利益和监督学校领导上的独特作用。力求目标同向、工作同步、责任同担，建立民主、平等、和谐的干群关系，形成良好的校园民主氛围。

4. 树立"以人为本"的管理理念

《教育——财富蕴藏其中》指出:"人即是发展的第一主角,又是发展的终极目标。"这种教育新理念就是"以人为本",即"教师为本"的管理新理念。它既是21世纪学校管理的根本理念,也是校本管理的重要组成部分。"以人为本"关键要从"人的发展"的角度出发,这就要求农村中小学校长充分认识和了解教师的劳动特点,做到既严格要求教师,又尊重和信任教师;既要求规范,又要鼓励创新和形成教师的个人风格和特色。

对于农村中小学,大多学校都存在管理理念滞后的问题。建议从学校的管理理念入手,首先,满足教师职业发展需要。校长要贯彻好"用待遇留人、用情感留人、用事业留人"的理念,真正做到既留住教师的人又能留住教师的心;建立和谐的人际关系,教师和学校领导间相互鼓励和尊重。其次,管理者要敞开心扉,关心教师的冷暖,加强与教师的理解和沟通。再次,校长要认识到教师的主体意识,充分信任教师、依靠教师,放手让教师发挥创新精神。同时着力为教师创造一个宽松、和谐环境,让教师们在这样的环境与氛围中愉快地工作和生活,从而增强教师的自我管理意识。好的管理出成绩,好的管理出效益。对教师的有效、科学、人性化管理将有效地预防教师的流失。

三、校长从教师需要着手,构建教师爱岗敬业新风尚

针对农村教师得不到社会的公正认可导致教师自我职业认同感不高,教学缺乏动力等现存问题,建议从教师需要入手,让教师的生存、安全、爱、尊重和自我实现能够满足,使教师安心从教,构建教师爱岗敬业新风尚。

1. 尊重教师

马斯洛认为需要得到满足,能使人对自己充满信心,对社会满腔热情,体验到自身价值。学校管理者尊重教师,这是学校管理取得高效的基础。在调查中发现,大多数农村学校的学校领导都感觉自己高高在上,对教师尊重不够,甚至把教师当做下级随意发号施令。在一

定程度上，拉开了与教师的心理距离，不利于学校工作的开展。对教师尊重和信任可以调动教师积极性的重要性认识不够。因此，建议学校管理者要学会尊重教师的人格，尊重教师的合理需要，以教师为本，以师本的理念贯穿在整个教学管理工作中，并在当地营造尊重教师的良好舆论氛围。其次，学校管理要加快民主化建设，注意倾听教师的意见，形成尊师爱师风气，用尊师的态度，民主的作风，实现师本管理基础上的高效能。让教师在被尊重中，感受到自身地位的提升，增强自我职业认同感。只有充分调动了教师的工作积极性和工作激情，才有利于教师树立高尚的道德情操和精神追求。

2. 激励教师

教师是学校教育工作的主体，也是学校教学与管理中最核心、最关键、最根本的因素。教育教学质量是学校的生命线，教育教学质量的提高，最终取决于教师的工作质量，而教师工作质量的提高又与教师的工作态度、心理状态密切相关，因此，教师资源的开发，就在于教师积极性的提升和心理状态的激发。在调查中发现，大多数学校对教师的管理还是上下级间的命令与服从关系，对教师缺乏激励，由于教师对象的特殊性，决定了学校的主要管理方式只能是指导性、激励性而不能全是指令性的、行政性的。为此，有必要对当地教师建立教师成长的激励机制，从目标激励、情感激励、榜样激励入手，搞好教师的精神激励机制，激发他们的工作热情，增强教师队伍的群体凝聚力，形成和谐的集体氛围。同时做好物质激励，采用表彰、奖励、晋级、委以重任等手段，从精神和物质两个方面双管齐下，调动教师的工作积极性。只有激发教师主动而富有创造性地从事日常教学，才有利于形成热情而且向上的工作氛围，才能有力地推动学校各项工作的顺利开展，提高教育教学质量，才能在无形中提升教师爱岗敬业的职业奉献精神。

3. 合理安排教师工作时间

教学是一个平凡而艰辛的工作，对教师来说更是一个"无底洞"。教育教学任务繁重，既有脑力劳动，又有相当多的体力劳动。在调查中发现，当地教师每天的工作时间过长，消耗过多的体力与脑力，"超负荷"运转的情况比较严重，应该引起我们的高度关注。为此有必要合理安排好教师日常的工作时间。首先，学校要合理安排教师的工作时间。要合理分配教师备课、上课、辅导、批改作业等的时间，保证教师教学任务的完成。其次，保证教师自由支配的时间。前苏联教育家苏霍姆林斯基说过："教师能自由支配的时间越少，他没有什么东西可教的时刻就来得越快。"应给教师更多的独立思考与个人钻研的时间。最后，学校要保证教师有足够的休息时间，只有教师得到了足够的休息，才能认真工作，提高工作效率，否则只能达到事倍功半的效果。同时，学校应尽量减少不必要的各种形式主义的检查，不折腾教师，避免教师为了应付检查而浪费教师的工作时间。从合理的时间安排上，尽量减轻教师的工作强度和工作压力，在一定程度上可以减少教师的流失。

4. 关心教师

在调查中发现，很多学校领导对教师的关心不够，学校管理制度僵硬、呆板，缺乏变通。有的教师因为家庭原因严重影响自己的工作，甚至有的教师带病上课等等现象，学校领导都不闻不问。教师工作的效率与教师家庭、教师的身心健康关系密切，且潜在冲突对教师教学的影响极大，学校应对此给予足够的重视。首先，学校领导在关心教师教学工作的同时，要关心教师的家庭生活。及时了解并帮助教师解决家庭的困难，体谅教师的难处，尽最大努力解除教师的后顾之忧，使教师安心工作，从而使教师获得更多来自学校和家庭的支持。其次，关心教师的身心健康。教师的身心健康是教师进行工作的必要条件，没有身心健康的教师群体，就不会有身心健康的学生。学校管理者要尽力营造一个有利于维护教师身心健康的良好环境。有条件的学校每年为全校教职工进行健康检查，及时了解教师的健康状况。工作之余，给教师留出锻炼身体的时间，积极举办各种文体活动，比如校篮球赛、乒乓球赛等活动，以此来增强教师参加体育锻炼的积极性。购买教师心理健康方面的书籍或者通过网络让教师了解有关知识，使教师认识到心理健康的重要性并关注自己的心理状况，学会一些调节情绪、自我疏导和自我训练的方法，以缓解自身的工作压力。从关心教师家庭和身心健康入手，做到以情感人，以情留人。只有留住教师的心，才是真正意义上留住教师的人。

第三节　农村中小学教师的聘任

一、农村教师聘任制度问题的解决

为更好地激发教师的工作积极性，促进农村基础教育事业的利学发展，必须进一步对农村中小学教师聘任制加以完善。解决这些问题，要从以下几个方面入手：

1. 实施教育人事代理制，建立区域教育人才服务中心。人才流动是市场经济的客观规律，教师通过市场流动有利于打破教师的"部门所有制"和"学校、地方所有制"的局限。教育行政部门应出台相关政策，建立本地教育人才合理流动的人才服务制度，实行教育人才代理制，构建教育人才服务中心。

教育人才服务中心的职责主要有：

（1）统一管理待分配的新教师和学校落聘教师的人事关系。

（2）为学校和教师（含取得教师资格的社会人员）双向选择提供信息交流平台，发布学校和教师选择的意向和相关数据。

（3）仲裁教育人才流动中出现的纠纷。

教育人才代理制的建立能减少教育行政部门对学校的干预，提高学校用人的自主权；教育人才服务中心的设立使学校和教师之间的双向选择变得可能，从而突破了现行聘任制只局限于单个学校内进行的不足，使教师在更广泛的意义上流动起来，教师和学校的选择空间也随之变得广阔起来。落聘人员由教育人才服务中心统一管理，学校管理者可以更好地集中精力做好学校的管理工作，提高学校质量，改善教师待遇，吸引更多更好的优秀人才；落聘教师进入教育人才服务中心后可促使其不断反思、不断提高自身素质，努力争取"再就业"。

2. 制订科学的聘任方案。

聘任方案是聘任制的实施指导意见，规定了聘任的程序、原则、要求等。科学聘任的原则除公平、公正、公开外，还应体现发展性，即聘任制的实施要有利于学校的发展、有利于教师的发展和学生身心的健康发展。

（1）要明确教师作为聘任方案制订者的主体地位。聘任方案不应是学校管理者小范围讨论的结果。聘任工作实施前应召开学校教职工大会，统一思想，提高认识，调动教师参与改革的积极性。聘任方案的设计要有教师代表参加，聘任方案出台后应广泛征求教师意见。

（2）教师聘任评价指标应淡化学生成绩，强调对教师素质的综合要求。唯学生考试成绩的做法，严重影响教师身心，也不利于学生的全面发展，是与素质教育背道而驰的举措。教师评价指标应包含德、能、勤、绩四个方面，尽可能做到科学全面。学生的考试成绩只能作为聘任方案中的一个因子，聘任细则的制订更多地应着眼于教师专业的可持续发展。

（3）聘用期限不宜太短。"一年一聘"的做法使教师"今年不知明年的事"，既不利于教师安排工作，也加剧了以学生考试成绩为主要标准的教师聘任方式。有的教师认为"一年一聘"的做法难以让教师和学生相互适应，频繁地更换教师，使教师难以跟踪学生的道德养成、健康人格发展，尤其是"后进生"，往往是适应不了不同的教师而始终"落后"。加之德、能、勤等指标难以量化，短平快的就只有学生的成绩了。因此中小学教师聘任期限应充分考虑教师工作和学生成长连续性、发展性的特点，中小学、初中教师聘任期均应以 3 年为宜。

（4）区别对待不同原因的落聘教师。对因身体或年龄等原因落聘的教师，应尽可能在校内安排一些教学辅助性工作或在政策允许的情况下让其提前退养；对因态度、能力、水平等原因落聘的教师应督促其制订学习提高计划，安排其参加校本培训和提高进修，若在一定的时间内达不到学校的聘任考核要求，则可将其人事关系转入教育人才中心。

（5）积极创造条件，加大对农村教育的支持力度。城区落聘教师下到边远农村任教是产生"差别教育"的原因之一。但农村边远学校和农村中小学普遍存在合格教师紧缺和素质不高的问题，在农村中小学人事制度改革尤其在全面实施教师聘任制中，还要积极创造条件，对农村边远地区和贫困地区中小学教师给予一定的优惠政策，稳定农村中小学教师队伍，吸引优秀人才到农村中小学任教；要有计划地开展"城镇支援农村，近郊支援边远，强校支援弱校"的工作，定期将城市和强校的骨干教师与中青年教师交流到农村和农村中小学任教，从整体上提高农村教师队伍素质，切实解决农村和贫困地区合格教师紧缺与素质不高的问题，促进区域内中小学教育均衡发展。

二、实施农村教师聘任制的成效

实行教师聘任制，把教职工的人事管理权交给学校校长，为农村学校的内部管理注入了新的生机与活力，促进了各项工作的顺利进行，取得了明显的成效。

1. 实行层层聘任，优化了教师队伍结构

实行教师聘任制以后，学校因事设岗，因岗定责，逐层聘员，克服了过去那种因人设岗、人浮于事的被动局面，充分体现能者上、平者让、庸者下的优化组合原则。

2. 引入竞争机制，激发教职工的工作热情

教师聘任制实行后，优秀教师学校争着要，任其自行选择；后进教师无人问津，到处不受欢迎。这使广大教工认识到：教育不再是改革的避风港，落后就要下岗。由于增强了忧患意识，教职工人人感到有压力，个个担心搞不好工作就会落聘。在这种个人内驱力的作用下，各学校出现了教师抢课代，职工抢事做的良好局面，从而使更多的教师爱岗敬业，勤奋上进，自学进修，钻研业务，从而促进了学校工作。

3. 完善岗位责任制，促进了学校管理水平的提高。

在实施教师聘任制过程中，教职工能否被学校聘用，今后能否续聘，必须对其履行职责的实际情况进行科学的考核。为此，各学校建

立健全了校内各种岗位责任制及其量化考核标准，根据工作性质从不同角度提出了工作的具体要求，把学校工作层层分解，落实到每个工作岗位和每个教职工，形成了较严密的责任体系，使学校的管理工作逐步走向科学化、规范化、制度化。

三、农村教师聘任仍存在的问题

1. 引进优秀人才从教的宏观调控机制尚未建立。

目前的教师聘任制仅仅局限于教育行业内部，是一个封闭的系统。随着改革不断的深入，从机关、企事业单位下岗的高学历人才不断增多，但对社会上愿意从教的优秀人才，学校即使缺编也不能聘任，特别是一些偏远薄弱的农村学校，尤其如此。这样既造成了大量人才资源的浪费，又不利于提高教育教学质量。

2. 核定编制不严密，薄弱的农村学校骨干教师流失较多。

在聘任工作中，由于只按学校规模和学生人数、班数核定了学校本学年教职工编制数和工作岗位，而没有核定高、中级专业技术职务岗位数，导致农村学校的骨干教师往乡镇学校挤，乡镇学校的骨干教师往市直单位挤，造成了薄弱农村学校骨干教师严重不足，重点学校教师人才资源相对浪费。核编不严的另一种表现是少数乡镇学校编制过宽，而农村学校编制过紧。

3. 相当一部分人特别是学校领导，在思想认识上存在着求稳怕乱的想法，在行动上表现为不愿改革，不敢改革。

少数单位制订的教师聘任制方案只是为了应付检查，没有真正付诸实施；有的在改革中一味回避矛盾，想方设法躲避矛盾，没有把精力放在改革上，导致改革成效甚微。

4. 综合配套的改革措施不完善。

（1）校长负责制不健全

首先是校长的选拔任用制度落后，实行任命制的校长只对上级负责，不对学校教职工负责，使校长脱离群众监督；其次是当前对校长的责、权、利强调得较多，而对校长的义务、任期目标、考核续聘和监督制约机制则研究较少，基本上是沿袭过去的做法。由此导致少数校长作风不够民主，个人说了算。个别人甚至以聘任教师为由，拉帮结派，以权谋私。

（2）考核奖惩制度不完善

各类岗位人员考核奖惩制度不完善，还没有探索出一套科学、准确、合理的考评标准，考评结果往往受到一些人为因素的影响。

（3）人事纠纷仲裁制度尚未建立

少数落聘教职工观念未转变，不是主动另谋聘任，而是经常缠着原单位领导要求上岗，有的还找关系企图搞人情聘任，该辞退的教职工难以辞退。这些都干扰了学校聘任工作的正常进行。

第四节　农村中小学教师的继续教育

百年大计，教育为本；教育大计，教师为本。当前，农村中小学教师继续教育存在着诸多问题，如培训意识淡薄、培训师资力量薄弱、经费短缺、工学矛盾突出、培训模式单一等。下面就这些问题及其对策进行分析和探讨。

一、农村中小学教师继续教育存在的问题

（一）培训形式、管理机制缺乏灵活性

培训形式缺乏灵活性。一方面是培训时间的安排缺乏弹性。短期集中面授的方式难免使参训教师受家庭、工作等因素的影响而缺勤、迟到和早退，其结果必然造成个体的有效学习时间大打折扣。另一方面，突击性的教学使参训教师很少有人能在短期内接受、消化和掌握多门课程所提供的知识素养。培训形式缺乏灵活性的表现之二是僵化的课堂教学模式，实践性的活动课程很少。课堂教学对培训学校来说省时省力，对职前教师的专业知识传授具有重要价值，但对接受继续教育的中小学教师来说却并非首选，因为他们受训的目的是完善和发展自身的教育教学能力，而非简单地接受知识。实际上，缺乏有效的

管理机制也是培训效率不高的另一原因。

当前，农村中小学教师培训机构主要是县教师进修学校。由县教师进修学校负责教学，教研部门管理教学常规、考核教学质量。有些地方对教师的培训没有做到统筹兼顾，教师培训部门搞培训，教研部门、电教部门、仪器部门也搞培训。这种多元化培训并存、自成体系、互不沟通、独立运作的培训模式，大部分内容重复，培训费时又费钱，严重伤害了教师的利益，而且不利于促进教师专业素质发展。

（二）继续教育内容针对性不强

教师继续教育的目的是提高教师实施素质教育的能力和水平，培训内容的实效性、针对性问题是继续教育的核心问题。教师继续教育又是针对不同专业、不同学科、不同水平的教师所开展的教育活动，培训单位在实施继续教育过程中没有制定出因人而异，因人施教的教学计划，只是简单地采取"一刀切"的做法，这使得参训教师再学习的效益，再学习的目标，再发展的思想得不到充分体现，这也挫伤了参训者的积极性。有的培训专家很少考虑到教师教学实践中实际问题的解决，其讲授的内容不具有应用性和操作性，无法让农村教师学以致用。讲授示范课的教师只重形式，不重内容，忽视城市和农村中小学之间的差距，农村教师可从课程中借鉴的内容不多。重理论培训导致培训目标不能满足教师的实际需求。

（三）教师参与继续教育的主动性不高

大多数教师普遍存在着继续教育的总体意识薄弱，学习动机水平较低，强度较弱的现象。究其原因，除了受现存的不良的教学环境影响之外，最根本、最直接的原因有：

1. 参训动机激励模式单一僵硬

有些学校由于培训结果不与教师在校的教育教学直接挂钩，教师往往把学校交给的培训任务看作只是完成本职工作的一个部分，只要能应付过去就行，是一种完全被动的受教育行为。有些教育行政部门将参训与否和评定职称挂起钩来，从而使评定职称成为教师参训的唯一动机。此现象的存在不仅影响到他们的参训态度和学习行为，更为重要的是不利于激发他们的后继学习，一旦受训完毕，再也没有提高的动力。

2. 中小学教师继续教育中的工学矛盾突出。尽管教师继续教育学时有明确规定，但目前基础教育的师资严重缺乏，特别在贫困的乡村地区，人才外流现象相当严重，加之地方财力不足，对教师定编较紧，教师的工作量过大，致使工作与学习提高存在着较大矛盾。繁重的工作和接连不断的再学习让很多教师感到身心疲惫，导致职业倦怠。

二、农村中小学教师继续教育的新构想

（一）加大对农村教育的投入，实行农村教师补贴制度

国家必须增加对农村基础教育的投入，加大中央和省、市政府的投入比例，以转移支付的方式对农村贫困地区的教育经费进行补贴。为此，国家应增加对农村贫困地区的财政转移支付，在科学评估、整体规划的基础上，合理地确定中央、省、县、乡四级政府以及村的办学责任与分担机制。同时，国家和地方政府应该建立农村教师特殊津贴制度，这种制度应按照各地不同的经济发展水平分成不同的等级，经济越落后、条件越艰苦的地方特殊津贴越高。建议要以省为主，确保教师工资按时足额发放。明确中央、省两级政府分担教师工资的比例，建立相应的监督报告和责任追究制度，保证农村教师工资不低于国家标准，地方性津贴补助不低于当地国家公务员水平，尽快做到城乡教师执行同一工资标准，才可能真正解决教师工资拖欠问题。在解决了教师工资拖欠问题的前提下，加大投入，不断提高农村教师待遇，由中央和省级政府拨款建立贫困和边远农村地区教师特殊津贴制度，根据农村学校边远偏僻的情况，提高一到两级工资（或工资上浮10％－20％），对条件特别艰苦和贫困的教师要实行高于其他地区50％特殊津贴制度，并规定由中央或省级财政来负担。对教学、科研能力特别突出的农村教师要给予重奖，以吸引和留住有能力的教师扎根农村教育。唯有如此，才能真正达到稳定农村贫困地区教师队伍，并激励和吸引

其他地区的人员积极到农村贫困地区从教的目的。

（二）加快师范教育改革，建立职前、职后教师教育体系

近年来，终身教育思想和教师专业发展理论对传统的师范教育思想及体制提出了新的挑战。建立具有时代特点的教师教育制度和推进教师专业化发展，已成为新一轮师范教育改革的主流。在全方位推进师范教育改革过程中，各级师范院校特别是地方师范院校应针对当前农村教师队伍建设的实际需要，调整师范教育功能定位，变一次性教育为终身教育，建立职前、职后一体化的开放式教育体系，为农村教师接受正规的教师专业教育提供广泛的机会。进一步发挥地方性综合大学教育学院和重点师范大学在培养高水平师资和培训骨干教师方面的改革探索及带头作用，探索建立新型教师教育体系和农村骨干教师培训体系，开创农村教师教育的新局面。解决好进修学校办学条件，改善信息技术设施，多方筹资并用好师训专项经费、改善设施和装备，与电教、仪器部门合作，资源共享，为教师继续教育提供帮助和支持，以适应培训工作的高要求。建立培训实验基地，选择有典型意义的几所学校进行教本培训实验，实施培训课题的实践和创新。

在机构设置上教育行政部门应该把内部的教研室、进修学校、地方教科室、电教部门等资源整合起来，避免多头培训出现的内容重复。实行教师进修、教学研究和电化教育或教育科研"三教一体"；以继续教育培训班为基础，有些专题讲座组织其他教师一起听，学员上研究课请其他教师一起观摩和评议，这样以"培"带"研"、以"研"促"培"，培训和教研相结合，大大增强继续教育培训的实战性和实践性。教研室协调工作，统筹规划，实现教师教育资源的优化配置和利用，在教育教学管理中促进教师专业发展，在教师专业发展培训中促进教育教学水平的提高，努力减轻交叉重复给学校和教师带来的负担。

（三）注重实效，走适合农村需要的继续教育之路

有师资培训任务的地方高校，应多研究在新课程背景下的教师培

训工作的特点，由于培训对象需求的多样性和培训内容的多元结构的存在，要求在培训形式上予以创新。对农村中小学教师进行新课程培训时，要调整和充实教育的内容，建立适合本地实际的教师新课程培训内容体系，应跟自下而上的研修结合。"在实践层面发生变化必须在一线产生行动。"教育部基础教育课程教材发展中心主任助理刘坚说，校本研修能够促进教师个人实践和反思、体现了同伴交流互助以及专业引领与创新，而这些方面正是促进教师专业成长的核心要素。自上而下的培训指导要跟教师自下而上的研修相结合，只有教师主动去研究，成为学习的主人时，才能够获得极大成长。如果说教师集中培训是自上而下的探索，那么校本研修则是自下而上的"草根式"探索。如果再不关心集中培训与校本研修结合、与教师实际结合，那么，教师培训就不会有生命力。农村中小学教师培训应以改进教学实践，以解决本校教学问题为指向，开展集体合作与个人研究相结合的校本进修的继续教育活动，形成多种形式的教师校本进修模式。例如，通过名优教师的传、帮、带的校本进修模式；通过校内科研课题和教改实验活动的校本进修模式；通过校内集体交流，使各教学研究小组及时发现本年级、本班的教学问题，明确校本科研的发展方向，从而推动本校教学的发展，达到解决本校教学问题的目的。有效的继续教育形式与培训内容是很值得研究的，然而无论继续教育形式如何选择、如何组织，它的出发点和归宿都应该是以适应农村教师的培训实效为前提。

（四）精心设计实践活动，促进农村教师专业自我发展

农村中小学教师继续教育，既要抓好学历补偿教育，又要抓好教师素质提高和能力更新的教育，真正做到学历与学力、学习目的与教育目的、学习内容与教育内容协调统一。在教师专业发展进程中，对专业活动的持续有效的安排实施，并直接指向构建教师的专业发展是十分重要的。教师透过多元化的专业发展活动形式，摄取多方面的专业学习经验和智慧，使其专业发展能力得到更有效的提高。农村教师

由于受到教学条件的限制，不可能通过现代化教学媒体来提高自己的教学质量，但坚持学习与反思是促进自身专业成长的基础，对照教案反思、记教育日志反思、通过教育叙事的方法反思、通过与学生或听课教师交流反思，这些课后反思的策略是农村教师提高教学水平的宝贵经验。为了保证这种反思不被遗忘，可以安排在固定的时间进行，使反思制度化。另外，教师可以建立自我剖析档案袋，或绘制自我专业发展剖析图，以便更好地了解自己专业发展的变化与进步情况，并采取相应措施。因此，通过自学自教，提高独立思考、系统学习、自我提高的能力。真正的教师不是教出来的，而是在不断的自我发现过程中成长的，这是通往真正的教师之路。此外，加强教师教学考核，建立和完善教学评估制度，根据考核评估结果落实相应待遇，奖优罚劣，从而保证农村中小学教师继续教育的质量，促进教师专业自我发展。

总之，我国教育整体水平的提高依赖于农村教育水平的提高，取决于农村教师素质的提高。随着社会经济的不断发展，人们对教育改革与发展寄予了更高的希望，对教师作为专业人员赋予了更多的职责，这就需要各级教育部门重视并强化农村中小学教师的专业发展，明确农村中小学教师专业发展的内涵和价值，优化农村中小学教师发展的校本管理机制和策略，构建农村中小学教师继续教育发展的生态环境，提供农村中小学教师继续教育的活动途径，充分激发和挖掘农村中小学教师继续教育的潜能，真正实现农村中小学教师专业的可持续发展。

第五节　农村中小学实施
综合实践活动课程问题

综合实践活动课程是在"应试教育"的大环境下，在新课改要求下应运而生的课程体系，它是新课程框架内最突出的亮点之一。作为一门全新的课程，既是新课程改革的亮点，又是新课程改革的难点。它没有现成的教材，也没有固定可循的模式。

综合实践活动中必须给学生足够的空间和时间，让他们能有自由发展的机会，给学生一片关注的空间，关注自我，关注学校，关注自然，关注社会。

综合实践活动课程，要求在教师引导下，学生自主进行的综合性的学习活动，是密切联系学生自身生活和社会实际，体现对知识的综合应用能力的实践性课程。综合实践活动课程的开设有利于转变学生的学习方式，培养学生的学习兴趣，激发学生的学习动机，有利于改善农村中小学的课程结构，更好地落实农村基础教育的培养目标，有利于加强学校、学生与社会的联系，培养学生的社会责任感，对新课改的实施起到有力的推动和促进作用，但在执行过程中存在很多问题，效果也很不尽如人意。

一、现阶段农村中小学综合实践活动课程实施的现状

1. 管理部门管理者重视不够。

学校教学跟着上级管理部门的考试指挥棒走，考什么学科，老师就重点教什么课程。实践活动课开设停留在了课表、图片上，存在"假上"、"迎查式地上"等现象。

2. 师资力量贫乏，教师认识不到位。

综合实践活动课每周三节，仅比一般数学课少一节，这样的课程设置方案恰恰说明了开设这门课的重要性。但农村中小学师资力量十分薄弱，学校普遍存在教师包班、教师担任双班教学、教师兼任几门课程等任课现状。再者，大部分教师思想上并不一定接受这样的设置，因学校成绩看"主科"（指语、数、英），教学常规查"主科"，综合实践活动"不考不测"，导致了综合实践活动课成了"主科"的练习课，成了课外活动——"玩"的课。"放羊式上""随意上""挪着上"等现象普遍存在。

3. 教师缺乏教育资源开发能力。

综合实践活动课没有现成的教材，找不到现成的教案设计或活动

设计，没有具体的可操作性强的教学目标或参考资料，且跨学科，领域宽泛，内容趋于开放。而恰恰在课程资源方面，农村教师总认为学校条件落后，没有学生获取知识和信息的重要社区资源——图书馆；没有拓宽学生视野、增强学生对学科教学形象直观理解的场所——科技馆；没有加强学生思想品德理想信念教育的历史文化宝库——博物馆；没有改变现代社会人们生活、工作和学习方式的优越条件——网络资源等，缺乏深入挖掘本地课程资源，常使综合实践活动课程实施陷入困境。上什么？怎么上？让老师干脆不上。

4. 家庭教育配合缺乏，活动深入推进受阻。

农村留守儿童多，农村学生家长受应试教育的影响，受本身文化素质的制约，缺乏对新课程理念的理解和认识，存有"只要孩子语文、数学成绩好就行，其他事情无关紧要"的狭隘观念。对综合实践活动课需要家庭配合、支持的，不配合、不支持，或配合不到位，活动课效果大打折扣，学生参与率低，完成质量差。

二、农村中小学综合实践活动课程存在的主要问题

1. 社会意识亟待提高

综合实践活动课在各学校的开设及活动效果都不太理想，究其根源，首先是社会、家长以及有关管理者的意识还没有从传统的应试教育的思维中转变过来，对大力推行素质教育的改革存在偏见。这就导致了对这门课程教学管理的轻视甚至鄙视，对教师教育教学没有起到应有的导向作用，从而对这门课程的认识不到位，直接导致了课程开设的效果差。

由于诸多主观和客观的原因，在实施的过程中也存在诸多问题，活动流于形式，效果差强人意。各农村中小学对综合实践活动课程认识不足。以综合实践活动课程实施中出现的种种问题，跟思想和认识上的误区有着密切的关系。素质教育的口号虽然喊了许多年，但由于整个教育还被应试教育氛围笼罩着，结果还是"雷声大而雨点小"。传

统的教育思想，特别是应试教育思想，使社会、教师、家长和学生甚至部分教育管理者都普遍认为学生主科成绩才是升学考试的主要条件，而忽视人的整体素质，这样，实施这类课程时，无论家长还是学校，积极性就很难调动起来，严重影响着综合实践活动的深入开展。

2. 家长观念必须转变

开展综合实践活动很难得到家长的理解和支持。综合实践活动课程没有固定的、体系化的知识内容，让人看不到"成绩"和对考试有用的"知识"，其综合实践活动的设计与实施，需要各校利用自身的课程资源和社会教育资源共同来开发和建设。农村广大的家长还没有从应试教育的传统观念中解脱出来，重语文、数学、英语，轻其他学科的倾向依然相当严重，再加上家长对综合实践活动这门课对学生发展的作用还没有真正认识到，他们只想看到的是你上的这种课能不能对孩子考上好的学校提高分数，所以配合老师的工作就不很积极，无形中对活动的开展起到了很大的阻碍作用。农村家长想通过上学脱贫致富、出人头地的想法比城市家长更加严重，综合实践活动对提高考试成绩好像毫无作用，所以他们对学生参加综合实践活动认为是"不务正业"。因此学校在开展综合实践活动课程时不得不有所顾虑，从而畏首畏尾，被动应付。

3. 教师意识和素质有待提高

（1）任课教师的意识亟待提高。

在实际教学过程中很大部分的教师思想上对综合实践活动课程开设认识不足，在他们的潜意识里还深深地感觉到"主科"重要，综合实践活动是"副科"，这样的心态导致了课程开设质量不高。很多老师认为花大功夫搞综合实践活动，影响现在普遍认为的"主科"成绩，担心家长不会接受，认识上的误区影响了教师的积极性和主动性。

（2）任课教师的素质亟待提高。

综合实践活动课没有现成的教材，找不到现成的教案设计或活动设计，没有具体的可操作性强的教学目标或参考资料，且领域宽泛，内容趋于开放，更加丰富。另外，综合实践活动课程以主题活动的设计与实施为载体，更加强调师生的多边活动，要求教师转变角色，做指导者、协调者、帮助者，最大限度地为学生提供全面的、充分的发展机会。这样的教学内容及教学策略和方式，对于我们这些习惯于传统课堂教学的教师来说，确实是难以适应的。农村中小学没有科学合理的实施制度和措施，缺乏专业教师。一些学校虽对课程的实施倾注了极大的热情，但实施过程中，领导对综合实践活动课程认识不足，重视不够，实施过程中职责不分明，操作不规范，随意性大，缺乏统筹安排、具体指导。学校并没有真正建立一套行之有效的实施制度和措施，没有活动的全盘计划和长期规划，对综合实践活动课不能进行合理的组织和管理。与此同时，也没有相适应的评价监督机制，也不能充分调动教师和学生的积极性，这无疑会直接影响教师的积极性和实践活动课程实施的有效性。此外，缺少专职专业教师，也使该课程的开展实施受到一定的影响。

（3）教师的角色亟待转变。

综合实践活动课开始还能把主动权给学生一点，让他们自己发挥，但是随着活动的深入开展，通过教师的调控，不知不觉又回到教师预设的问题和设计上来。学生只要学到了老师希望学生学到的知识，老师便认为完成了教学任务。这说明教师角色还没有真正转变，没有真正体会到开设综合实践活动课的意图。

此外，有些老师缺乏独立思考的意识，凡事总想依赖"教案"，从主题确立到活动设计，直至自己的教学反思，无一不依赖于课本中的参考案例，把活动设计或"教案"当成教条，从而形成了综合实践活动格式化、教条化，进而严重制约了综合实践活动课程的推进和发展。

4. 主管部门和学校各项机制急需完善

综合实践活动课程对课程资源的开发和学校经费具有高度的依赖性，它是在实践过程中动态生成的，要求学校和教师结合地方、学校的实际和学生的认知水平等灵活组织和确立活动主题。没有丰富的课程资源和一定资金的支持，综合实践活动课就难以实施，由于学校和教师的课程意识非常淡薄，学校和教师很难在课堂资源开发和合理利用上下功夫。另外，开发和实施新课程都需要投入大量的人力、物力和财力，要求广大农村中小学一下子投入大量资金用于综合实践活动课程的开发和实施，确实勉为其难。这些都直接导致了很多学校的综合实践活动课形同虚设。由于诸多因素造成的困难，使一部分学校至今还没有把综合实践活动课程列入教学工作计划，只是临时遇到上级检查时应付开展一阵子而已。有些学校在课程表中未见综合实践活动课程的课时，而是将班会、信息技术、劳动作为综合实践活动课程。没有充分准备的综合实践活动，必然只是学科课程的延伸和补充，事实上只是一种装点门面的缀饰，效果当然甚微。所以课时不落实是目前农村中小学综合实践活动课程实施中普遍存在的问题，学校普遍缺乏对综合实践活动课程价值的正确认识，认为既然综合实践活动课程对升学影响不大，而上级主管部门对学校教师的考核很少顾及这一块，且缺乏专项考核细则，所以在"绩效"的指挥棒的作用下，作为一门副科何必在这方面浪费时间，甚至于连课表都不用排。有的学校认为综合实践活动课程实施缺乏"专职教师"，缺乏"教材"，干脆把综合实践活动课的时间分别划给语文、数学和外语，由"主科"老师代课，或者只是要求学生在双休日、寒暑假期间简要地做点调查，写一篇调查报告应付教育管理部门的检查。

造成以上现状的原因，既有人们认识上的问题，又有现实社会经济、教育发展的差异；既有师资队伍不足的因素，也有办学宗旨和教育思想不端正的因素。因此，要认真研究探索综合实践活动课程的实施对策，切实改变目前的状况。

三、农村中小学综合实践活动课程相关对策

综合实践课是一门全新的课程，它的实施有赖于全体教师的拓荒和耕耘，它的发展是这些拓荒者的智慧结晶，它的成功将为学生提供

一个更大、更全面、更有效的大舞台。让我们共同走进综合实践活动课程，使它成为学校课改工作的一个重要突破口和新的亮点。

教育部不仅将综合实践活动课程列为必修课，而且规定每周3个课时。那么农村中小学如何贯彻《基础教育课程改革纲要》的精神，更好地实施综合实践活动课程呢？

1. 加强对基础教育课程改革以及综合实践活动课程的宣传。

设置综合实践活动课程是基础教育课程改革的内容之一，是为了贯彻课程改革精神、落实课程改革目标而采用的措施之一。因此要加强基础教育课程改革的宣传，利用多种形式、方法，比如免费发放宣传材料、制作电视片、录像带等广泛宣传，使得地方教育行政部门、农村学校校长、教师、家长以及社会等了解课程改革的理念、目标和内容，了解综合实践活动课程的独特价值及其在课程体系中的地位与作用。特别是在学校层面，通过宣传，要使校长对课程改革的理念、目标和内容有清楚的认识，发挥校长在课程改革中的领导作用，从而推动课程改革的发展和新课程包括综合实践活动的实施。

2. 加大教师培训的力度，调动教师的积极性和创造性。

综合实践活动课程作为一门新的课程，具有自身的理念、目标和价值，它与学科课程不同，也和以往的活动课程不同，而且包括的内容也比较多，比较杂。对教师的要求也与以往的学科课程不同。对农村教师来说很多都是全新的。因此要加大对教师的培训力度，举办专题研修班、召开经验交流会等，使教师了解、掌握综合实践活动课程开设的目的、意义以及目标和要求等。只有了解、掌握了这些，教师才能认识到该课程在整个课程体系中的地位和作用，掌握本门课程的特点和要求，在实践中才能根据学校的实际、学生的特点和需要以及社区的资源开展活动，实施综合实践活动课程。

3. 充分利用各种课程资源。

综合实践活动的开展，对课程资源有一定的要求，特别是其中的信息技术教育和农业技术教育，更是对硬件的要求较高。农村学校特别是西北地区的农村学校一定要充分利用一切可以利用的资源来开展综合实践活动，一定要避免将综合实践活动搞成书本知识的讲授和课堂灌输，确保其活动性、综合性、开发性、生成性的特点。要充分利用社会资源或社区资源，挖掘社会资源的教育意义，并为本门课程所用。

4. 因地制宜，灵活多样地开展综合实践活动。

《基础教育课程改革纲要》规定综合实践活动课程包括四个方面的内容，但根本的目的是通过实践，增强探究和创新意识，学习科学研究的方法，发展综合运用知识的能力。增进学校与社会的密切联系，培养学生的社会责任感。因此，农村学校应根据《纲要》的精神，根据本地、本校的资源或条件，因地制宜地、灵活多样地开展各种实践活动。比如没有计算机的学校，可以开展研究性学习、社区服务和社会实践。乡村的中小学可以到城镇的中小学学习计算机，城镇学校的学生可以到乡村学校进行研究性学习、社会实践等。只要掌握了综合实践活动课程的要义，具体的形式、内容可以不同。

5. 活动内容要联系结合当地实际，紧密结合儿童的生活经验。

综合实践活动要求学生在教师的指导下自主探究，自主活动。因此所选的内容应该贴近学生的生活实际，贴近学生的经验。特别是其中的研究性学习主题的选择，社区服务与社会实践以及劳动技术教育等，都应当选择那些与当地的题材、与学生的生活、经验紧密结合的题材来进行。切忌那些大而空的题目或活动。比如目前好多学校一搞研究性学习，就是环境恶化、垃圾成堆的调查，一搞社区服务就是到敬老院或孤儿院照顾老人和儿童等。实际上，那些诸如环境恶化等研究性题目，农村中小学生的体会并不是很深。一项农村中小学研究性学习的实验表明，当以环境恶化等为主题开展研究性学习时，效果并不理想，而当以"怎样腌咸菜"为主题时，效果却格外的好。因此，在农村中小学，综合实践活动的主题要以学生的生活经验和当地的实际为主，千万不要脱离实际，盲目与城市学校看齐。

6. 发挥政府的主导作用，推进综合实践活动课程的实施。

地方政府要充分发挥在课程改革中的统领、协调作用。改变以往的以考试分数和主要科目为主评价学校、评价教师的做法，关注学生的全面发展，特别是创新精神和实践能力的培养，关注教师的专业发展。将综合实践活动等课程纳入政府的管理视野，积极创造条件确保这些课程的实施。特别是，政府要协调社会各部门，为学校综合实践活动的开展提供支持，统筹社会资源，支持教育发展，发挥综合效益。

7. 建立实验、示范基地，探索成功经验，带动综合实践活动在不同学校的开展。

综合实践活动作为一门新的必修课程，怎样进行，效果如何，好多农村学校的校长、教师还持观望态度，而且相当一部分学校还不知道怎样开展。因此，可选择一些不同类型的学校，比如村小、中心中小学、乡镇学校以及农村初中等，建立实验基地，精心组织，大胆探索，使之成为农村学校开展综合实践活动的典型。然后认真总结经验，进一步推广。这些实验基地要充分发挥示范作用和辐射作用，由点带面，推动综合实践活动在农村学校的开展。

8. 建立院校合作伙伴关系。

20 世纪 80 年代以来，为了推动教育改革，一些学者提出了建立大学与中小学合作伙伴关系的构想并付诸实践，而且在西方一些国家逐步形成了由大学或基金会主导的教育改革模式。这种模式旨在通过"提供专业协助"和发展"校际支援网络"来拓展教育改革的成果，被认为是推进教育改革的重要策略。研究表明，建立这种合作伙伴关系无论对推动教育改革还是促进教师专业发展、学生的学习，以及学校组织、文化的变革都有积极的影响。大学有着良好的信息技术力量和先进的设备，大学的学者又有较高的研究能力和研究水平，而且社会资本也十分丰富。因此，加强大学与农村中小学的联系，建立密切的合作伙伴关系，充分发挥大学的优势，与中小学教师共同推动综合实践活动课程的实施，这对于大学并不是难事，而对中小学则是十分有利的。当前，政府应发挥协调作用，帮助农村中小学与大学建立协作关系；农村中小学的校长、教师也应该积极主动地与大学联系，寻求合作。而大学则应将发展农村基础教育作为自己应尽的一份社会责任，积极主动，平等合作，讲求实效，注重可持续性发展。

第六节　引导农村辍学中小学生回学校学习

农村中小学生辍学原因主要有两个方面：一是思想观念方面，主要表现在有些家长认为"早打工早致富"，读书会耽误致富进程；二是学生本身存在厌学情绪。

针对以上这些问题，校长和教师要解决好辍学问题，就应采取以下措施。

一、引导农村辍学中小学生回学校的措施

1. 引导学生明确学习目的，端正学习态度。

在搞好正常教学工作的同时，农村中小学校长、教师要随时了解教育新动态，尽力做好班务工作，重视开好新学期的第一个班会，认真学习《中小学生日常行为规范》，讲述一些成功人士如何通过刻苦学习而摆脱了贫困的经历，要向学生强调困难是暂时的，只有艰苦奋斗，战胜困难，勤奋学习，树立远大理想，才能有所作为。经过这样的教育，使学生们明确学习目的，端正学习态度。

2. 校长、教师要关爱学生，倾注情感。

农村中小学校长、教师要摸清本班每个学生的家庭情况，特别要了解每个学生的心理、兴趣和爱好，在生活的各方面关心爱护学生，多谈心，多沟通，做学生的知心朋友。对班上的学困生，更要多加关

爱，积极化解他们学习上的困难，多为他们分忧解难，使他们真正感受到班集体的温暖。

3. 校长、教师要有的放矢，分类教学。

作为农村中小学校长、教师，要对那些出现厌学情绪的学生给予特别关注，鼓励他们克服厌学的情绪。一般情况下，对农村的学生来讲，英语和数学两门学科很容易成为他们学习的拦路虎，兴趣的丧失导致他们的学科成绩越来越差。任课老师往往为了提高学科的及格率和平均分，就会经常责备他们，从而使这部分学生逐渐产生了反感，久而久之，这些学生在心理上把学习当作负担，于是就产生了辍学的念头，甚至有的学生跟家长和班主任都不说一声就逃到外面去。针对这种情况，校长与任课老师交谈，让任课老师在课堂上对这些学生多一点耐心，少一点责备，尽量在他们身上多找闪光点来鼓励他们上进。

4. 作为班主任，要善于表扬和鼓励学生，使他们增强学习的信心，消除学习上的自卑感。

例如，有一名女生，因英语和数学学习差，多次受到任课老师的责备而产生辍学的念头，班主任经过多次与任课老师沟通，并与他一块儿去做这个女生的思想工作，使她打消了辍学的念头，使其下决心好好学习，努力上进。经过刻苦认真的学习，她顺利完成了小学初中学业，还考上了重点高中。

5. 家访也是一种很好的教育方法。

除了每学期学校召开的家长会外，教师还应多次进行家访以了解学生的家庭情况，让学生家长做好孩子的家庭教育，当好孩子的启蒙老师。如有一男生因学习成绩不好，思想上就产生了辍学的想法，再加上家长正急需干农活的劳力，这样他就辍学在家干农活，几天不来学校学习。校长和班主任了解到情况后，便带了几名班干部到他家里去做思想工作，经过耐心说服，这位家长终于同意把孩子送回学校，使孩子又回到了课堂上。

二、控制学生辍学措施

依法控制学生辍学是实施义务教育，提高义务教育阶段普及程度的重要工作。多年来，当地政府、教育行政部门和学校给予高度重视，做了大量的工作，取得明显的成果。但是随着社会的发展和经济的快速增长，学生辍学现象出现了回升的势头。为遏制这一现象，农村中小学根据自身的特点，做出以下几方面的措施：

（一）加强学校内部管理，建立健全制度

严格执行上级的文件规定，规范办学行为，领导层都要把主要精力放在教育教学上来，全面实施素质教育，面向全体学生，加强教学管理，深化课堂教学改革，提高教学质量。

1. 建立辍学工作责任制。

农村中小学把学生工作落实到班级、教师、责任人，实行分片包干，奖励工作有成效的教师和领导。建立任课教师对所教班级的上课点名制度，发现学生缺课，及时报告班主任，班主任每天 24 小时都要掌握班级的学生出勤情况。班主任要及时分析有辍学动向的学生，做好学生的思想工作。对旷课 1 节或缺课 2 天的学生要及时与家长联系，报告学校并安排家访。

2. 严格执行教学常规。

教师未经准假不得随意缺课，上课必须认真备课并写出教案，课堂教学应从实际出发，针对全体学生，学生作业要认真及时批改、讲评，加强对特长生和学习困难生的辅导。

3. 杜绝乱收费。

在学校不允许的情况下，任何教师无论任何理由，都不准要求学生征订任何教辅资料和类似教辅资料的材料。

（二）学校基层干部明确分工，加强检查督促

1. 农村中小学确定一位领导干部分管控制学生辍学的工作，各级部（部门）要有专人负责辍学学生的情况报告。

2. 建立有效的定期检查制度。学期初，组织学生入学工作；学期中，进行月检查评价；学期末，组织考核级部领导及相关教师。

3. 对于检查的结果要全校通报，该奖的奖该罚的罚，让学校的每一个教师明明白白。

4. 每学期，各级部都要组织教师深入班级听课、检查和指导教学工作，切实指导科任教师把握好教学要求，使绝大部分学生都能及格。

5. 各级部（部门）要严格遵守《学籍管理的规定》，对学生的转学、休学、留级等要按学校的有关要求办理，无论任何人都无权私自接收或转走一个学生。

（三）家庭方面

"重视家庭教育，通过家庭访问等多种方式与学生家长建立经常性联系，加强对家庭教育的指导，帮助家长树立正确的教育观念，为子女健康成长营造良好的家庭环境。"

通过家长学校、家访、电话访谈等多种形式向家长宣传《义务教育法》，让家长认识到支持子女学习的重要性与必要性，通过一些"知识兴农"、"科技致富"的典型事例，逐步转变家长的错误认识，消除疑虑，树立学知识、用知识的新观念，激发家长的供学热情。

强化学校与家庭的沟通，多家访，勤联系，通过走出去、请进来，及时交流学生的思想动态，做到问题早发现，工作做在先，力争将辍学想法消除在萌芽阶段。

要求家长注重对子女的情感关注，尽可能多地与子女接触，生活上多问寒问暖，帮助解决学习生活中遇到的重大困难；多注意子女的思想和感受，多作双方的思想交流，多了解子女的在校情况，准确把握子女成长的脉搏，让子女充分地感受到父母的关爱与重视，增加学习的信心和自觉性。

（四）社会方面

1. 广造舆论。

深入宣传《义务教育法》和《未成年人保护法》，提高全民遵纪守法意识，通过市集宣传书等永久性标语等办法，大张旗鼓宣传造成声势，从而得到全社会的支持。

2. 政府加大督学力度。

镇政府组织有关人员深入村、社区、学校进行督导检查，把控制学生辍学作为一项重要内容。对辍学严重的村、社区进行通报批评。同时，加大救助贫困学生的工作力度，对贫困家庭子女入学的书费、杂费实施减、免、缓政策和开展多种多样的救助，切实提高入学率和巩固率。

3. 分工负责，明确责任。

把控辍保学工作作为一项重要教育目标，逐级分解到镇主管部门、村、组和各中小学，分解到每个校长、班主任及任课教师，切实把制止学生辍学作为自己义不容辞的职责，耐心细致地做好每一个有辍学倾向的学生及家长的思想工作。

4. 开展入户劝学活动。

坚持开展领导干部包片、包村、包组、协同教师走村入户的劝学活动，积极动员因贫困、厌学等因素而辍学的学生返校。

第七节　校际联合教研

农村中小学之所以薄弱普遍是因为师资水平低、教学设施不完善、资金紧张等问题。因为师资水平低、教学设施不完善、资金紧张等问题，严重影响了学校教研，乃至教学的正常开展，更谈不上提高教育教学质量了。那么，在当前的教育环境下，农村中小学应该如何自谋出路，走出困境呢？校际联合教研、互助合作、资源共享，是农村中小学改变窘境、谋求发展、有效开展教科研活动、提高教育教学质量的主要出路。

一、校际教研活动的形式

1. 跨校联合备课。

农村学校一般规模比较小，学生数少，师资力量薄弱，一个年段单人任教情况也比较普遍。这样，有些学科往往因为没有骨干教师的引领或没有教研伙伴，而导致无法开展正常有效的教研和集体备课。因此，与邻近学校跨校联合备课，不失为解决这一困难的有效途径。这时，参与人多，围绕主题，各抒己见，出谋划策，人数多，意见多，思维广，见解也更深。这样，对老师而言，才能集思广益，深得启发。

2. 跨校兼课。

跨校兼课，也是适合解决当前农村学校普遍面临的部分学科师资缺乏的困惑。在后林中小学任教时，初三年级有两个班，化学老师有 2 名。而杏陈中小学初三年级有四个班，化学教师只有 1 名，不仅集体备课没办法开展，就连正常的课都没法保证。这样，经过两校协商，由后林中小学的一名教师到杏陈中小学兼课，从而实现了师资共享和合理分配。

3. 课例研究。

课例研究是教学研究的一项重要形式。上课要有人听，有人评，才会使上课者以及参与者得到提高。校际联合，就有利于营造教研氛围，提高教研水平。首先，校际联合开展这样的活动，听课的人就多了起来，会给上课的老师一种自豪感。根据以往的经验，听课的人越多，上课的人信心指数也会越高。而人多了，教师会乐于参加，积极性得到提高。不是本单位的教师，彼此之间不会顾虑太多，评课时往往可以直言。同时，学校不一样，教学思想也不一样，评价的内容、方式都不一样，就容易形成争论。争论越多，思想的火花越亮，听课老师所得到的东西越多。最后，学校联合举行活动，造成的声势比较大，影响也大，往往可以请专家来校作指导，得到直接有效的引领。

4. 学术沙龙。

新课程实施以来，教师的教育教学思想，实际的教学行动，都需要有一个大的改变。这要从两方面入手，公开课活动逐步解决教师的实际教学问题，专家讲座解决理论问题。但怎么样把两者结合起来，学术沙龙的作用就大了。

某地某两所学校的青年教师很有积极性，但他们觉得孤独，没有交流的机会。因为没有交流，他们就无所适从。于是，两所学校联合起来开设学术沙龙活动。在区里论文评比前夕，参加沙龙的老师将自己的论文分发给每个人，然后大家聚集在一起，一篇一篇讨论过来，把自己的经验提供给别人，提出不合理之处，相互交流。结果参加学术沙龙的教师的论文都获得不错的成绩。

5. 联合开展课题研究。

农村中小学之间，所遇到的教育、教学及管理等方面的问题比较相似，联合开展研究集中人力物力，优势互补，有利于解决共同问题，避免低水平重复研究，以提高研究效益。如"农村初中校如何有效控辍的研究"，这是农村校普遍面临的窘迫的问题，更是众多农村中小学共同面对的难题，农村中小学之间联合开展这一研究，有利于提高对这一问题研究的深度和广度，使得课题研究呈现出多样性，使研究的结果更有推广意义。同时，学校之间经常围绕这一问题进行研讨，介绍彼此的成功经验和困惑，可以起到相互借鉴、相互启发的作用，促进了学校和教师的共同发展。

校际联合教研，不仅在师资力量薄弱的农村学校，对推进学校教学教研工作的正常开展有用，就是在师资雄厚，各方面条件都不错的学校，为更好地创出新路子，争取新成效，也是十分必要的。可是，"联合"的局面似乎并不是阳光灿烂，不能很好地得到推广，为什么呢？

二、校际联合存在的问题

1. 缺乏自上而下的倡导性文件或指导性资料。对其意义和操作过程的可行性都比较盲目，没有方向，对其可能出现的代价和风险更是心中无底而不愿尝试。

2. 当前的考试制度，特别是以考试成绩作为评价学校的主要标准的体制下，很多学校当然宁愿闭门造车，也不愿别的学校窃取本校"秘诀"。

3. 人的因素。教师因为社会意识影响，教育体制的局限，对工资福利的不满等诸多因素影响，普遍丧失了主动参与教研活动的热情。又加之没有专门的活动经费，教师参加活动的往返行程、食宿得不到保障而兴致不高。

三、校际联合的策略

校际联合教研形式、内容、质量的有效，可以让我们开启如何引领教师走专业发展的思路，更增强各校要持续打造一支优秀教师群体的强烈责任感。当然我们应该继续思考如何在校际联合时注入更丰富、更深层面的研究内涵，使校际联合发挥更广泛的作用。

1. 教育局或进修学校可以出台一份有关开展学校联合教研的文件，既分析了校际联合的意义，又对校际联合提出一些指导性意见；同时，可以明确联合学校，以及校际联合的任务目标和要求。这样，既可避免了联合教研的盲目，有"法"可依，有章可循，也明确了活动的责任，而避免了随意性。

2. 改变以考试作为评价一所学校办学好坏的主要标准的做法，甚至取消以简单的方式给学校排名的行为。也可以把市场的竞争形式和竞争意识引入学校管理，通过宣传，引导学校和教师对"竞争"和"合作"的健康的正确的理解。这样，才不会造成学校间的彼此敌意，而友好地相扶相长。

3. 教育局或学校之间要协商解决好活动的经费，减少教师的活动负担。当然，为保证活动的有效和有序，在开始时，要双方协定，并定出活动的方案，纳入学校的工作计划中。对每一次的活动都要有具体的要求，如有方案、过程记录、活动小结等。

四、校际联合教研指导思想

为进一步加强农村中小学之间的教科研交流和合作，发挥校际教研的整体优势，提高课堂教学整体水平，推进农村教育均衡发展，应在农村开展校际教研活动。

1. 校际教研是校本教研的一种深化形式，是整合教学资源，实施整体推进，促进教育均衡发展的必然要求。建立和健全校际教研机制，旨在拓展和完善教研网络，创新教研机制，转变教研方式，加强学校之间的交流与合作，增强教研实效，提升教研水平。

2. 校际教研是落实镇教研工作重心下移的重要举措，是联系学校与教研会的纽带。校际教研的根本目的是发挥骨干教师的示范引领作用；避免听评课活动的盲目性，提高教研活动的实效。

3. 校际教研能够进一步推进校本教研制度建设，构建校际教研组织。通过校际教研活动的开展，建立学校之间的教研合作共同体，达到优秀教育资源互补共享，以推进课程与教学改革，促进教师专业成长，提高全镇整体教学水平。

五、校际联合教研活动方式与内容

按照教研会要求，各校在校本教研的基础上，按照"征集问题——确定主题——准备主题发言——组织研讨课——引领观课——评课、交流、达成共识——总结提升"的模式进行。

1. 确定主题。

校际教研活动的研讨主题自下而上产生，围绕"提高课堂教学有效性"这一主题，各校收集教师平时积累的课程实施中的困惑或教学中存在的问题，承办学校组织学科骨干教师对收集到的所有问题进行分类整理，经过讨论，确定研讨主题。

2. 教师研究。

各学校学科骨干教师围绕主题准备发言稿，主要就各自学校解决这个主题所采取的措施及教学中存在的困惑或问题等方面进行阐释。

3. 组织研讨。

活动前一周，确定研讨课主讲人，主讲人先精心备课，然后是备课小组开展"集慧式"备课活动，群策群力，发挥集体智慧，对教学目标的确定、教学重难点的突破、教学环节的设置进行精心研究，形成教学策略。

4.引领观课。在观摩课堂教学前，教师首先明确观课要点，观课要点是根据活动主题制定的，主要观察本节课是如何实践本次活动的研讨主题的；在课堂教学中，践行了哪些新的课程理念；在课堂教学中，教师角色行为发生了哪些变化；在课堂教学中，教师是如何处理教材的；与传统的课堂教学相比，有哪些发展和创新；在课堂教学中，教师运用了哪些方法促进了学生的发展；等等。

5.评课议课。

本环节主要由单位联系人主持。评课可以是选代表评课，也可以是所有观课人逐一评课，还可以是对话式评课或插话式评课，授课教师与观课教师要进行互动，可交流、对话、提问、答辩，最终达成共识。

6.总结提升。

本环节主要由承办单位校长主持。通过活动反思，一是要总结活动的经验，并将活动中取得的经验提升到一定的理论高度，作为今后在全镇必须推广的教学成果。二是总结存在问题，以便安排下一次的活动。下次校级教研活动承办单位联系人要在总结提升后将下次校际教研的主要内容、环节进行提前宣布。

六、校际联合教研课堂教学要求

在校际教研活动中，要落实好以下课堂教学要求：

1.课堂教学要注重"三讲清"、"三着眼"。

讲清概念，讲清联系，讲清作用；着眼于双基，着眼于当堂消化，着眼于中差生。精讲精练就是讲难点、讲联系、讲规律、讲迁移；练思维、练方法、练基本功、练能力。能以练代讲的就只练不讲，练的目的是使知识转化为能力，练的内容要序列化，练的方式要多样化，练的方法要科学化，练的题目要活，数量要少，质量要高。向课堂要质量要效率，就要讲在课堂，练在课堂，反馈矫正在课堂，完成作业在课堂，所有学习任务基本在课堂解决。克服传统教学讲在课堂，练在课外，作业在课外，学习任务完成在课外，造成学生学习负担积累的弊端。

2. 从重视教法向重视学法转变。

凡是先进的教学法，都是把提高学生素质放到首位。老教法是教师抱着学生走，新教法是教师指路学生走路，最先进的教法应该是引导学生自己找到自己要走的路。

教学活动中教师的职责是发挥主导作用。"主导"者，主要在"导"，导的形式多种多样，导的内容丰富多彩。导以思维，导以方法，导以规律，导以能力，导以创新，导以兴趣，导以意志，导以目标，导以理想。

所有的好课有一个共同的特点，那就是学生会自主学习。自主学习是学生学习最主要最根本的学习方法，也是学生成才的正确途径，培养学生自学能力是教学方法改革的永恒目标。学生会否自主学习，会否科学有效地利用时间，是学习成功与否的关键。提倡开设学法指导课。

学校要组织教师精选一些有效的经验或做法供学生学习借鉴，加强对学生学习方法的引导，提高学生的学习兴趣，掌握学习的方法规律，使学生养成良好学习习惯，为终生学习奠定良好的基础。

七、校际联合教研的工作职责

1. 教研会负责全镇校际教研活动的统筹规划、组织协调、专业指导、过程监督、考核评估等工作。

2. 校际教研联系人负责本单位教师参加校际教研活动的指导、协调工作。教研会定期召开学校业务领导会议，研究布置全镇校际教研工作，共同制订教研计划，确定教研专题，组织开展校际教研活动。

3. 发挥教研会的引领作用，教研会骨干教师除参加所在学校的教研活动外，要积极参加其他学校的学科教研活动，做好示范引领工作。

要在日常的教学中自觉地将先进的教学方式落实于自己的教学实践，每月至少在本校内举行一次公开教学展示或专题讲座，并积极引导本校骨干教师开展听课、说课、评课等活动。

4.校际教研活动由各学校轮流主持，每学期至少负责一次承办任务，承办单位主要领导为第一责任人，并负责本次活动的总结和提升。承办单位具体负责本学校的校际教研工作，与其他学校共同研究制订活动计划，确定研究主题，安排教研活动。

八、校际联合活动要求

1.每次活动，承办单位要精心安排、认真组织。承办单位要与各校联系人共同研究，制订详细的活动方案。承办单位负责安排活动场所，提供设备，做好后勤服务。各单位联系人要组织广大教师积极参与，大力支持，确保相关人员全部参加。教研会要安排相关学科骨干教师参加活动，加强指导。

2.校际教研要以提高教师新课程实施能力，促进教师专业发展，提高课堂教学有效性，推进素质教育为目标，以研究课程标准、研究教材、研究学生、转变教学方式和学习方式为重点，以研究和解决教育教学中所面临的问题为立足点，以课例为主要载体，开展多种形式的研讨活动。每次活动要主题鲜明，针对性强，围绕共同关注的问题，展开深入研究，确保活动实效。

3.每次活动结束后，承办单位要做好资料积累，写出活动总结；其他学校要认真组织本单位相关人员，结合自身教学实际，认真研讨、反思、总结、拓展、延伸，真正把校际教研活动的效果转化为教师教学的"生产力"。

4.教育指导中心将加强对全镇校际教研活动的领导。学期初，要召开专题会议，部署全镇校际教研工作，要加强过程管理，及时了解、检查、指导，每学年召开一次全镇教研总结会，总结经验，查找问题，对下一步的校际教研提出指导性意见。

第五章　农村中小学校园文化建设

第一节　校园文化建设的概念定义

一、文化

何谓文化？这个问题可谓见仁见智。如果根据著名人类学学者泰勒（Edward Burnett Tylor）关于文化的定义，即："文化或者文明就是由作为社会成员的人所获得的，包括知识、信念、艺术、道德法则、法律、风俗以及其他能力和习惯的复杂整体。就对其可以作一般原理的研究的意义上说，在不同社会中的文化条件是一个适于对人类思想和活动法则进行研究的主题。"这个定义已经将文化本身的复杂性予以了充分展示，涉及到一系列问题的理解与思考，而且也表达出要移风易俗、变迁文化必须有一个系统的思考与安排。但是，这不是本书追求的定义。在笔者看来，文化作为一种生活方式，这倒是非常简单的一种理解，也属于一个容易操作的定义，也符合本书在一个狭窄的范围内进行分析的实际。

二、校园文化

校园文化属于社会文化中的一种亚文化，它在本质上受社会大文化的制约，但又以其独立性影响着社会大文化的发展。文化的定义必然影响着对校园文化这一概念的理解。比较有代表性的观点有："文化氛围说、意识形态说、精神总和说、文化要素复合说、文化指令说、启蒙说、精英说、活动说"。在众多的校园文化概念解释中，笔者比较认同的是："校园文化是指由学校成员在教育、教学、科研、组织和生活的长期活动与发展演变过程中共同创造的、对外具有个性的精神和物质共同体，如教育和管理观念、历史传统、行为规范、人际关系、风俗习惯、教育环境和制度以及由此而体现出来的学校校风和学校精神。学校文化如果从其表现形式上说，可以分为物质文化、制度文化、精神文化。"

因此，本书的"校园文化"指的是学校师生员工在自身特定的价值观念基础上，以校园为空间，进行物质和精神创造的结果和过程，以积淀、凝聚、内控为优化机制的具有学校特色的文化。由此形成校园文化的外延：校园物质文化、校园制度文化、校园精神文化。校园环境设施、教学设施层面的文化属于物质文化；行政管理制度、教学管理制度、学术管理制度、学生管理制度等相关规定属于校园文化的制度层面；学校的教育和教学活动、科研活动，就其内容来说，是精神层面的，属于精神文化。如果将学校文化与校园文化比较，它在内涵上较狭隘，但在外延上较宽。学校文化是社会文化的有机组成部分，它以学校群体成员为主体，是他们在教育教学和管理实践中逐渐共同创造生成的体现时代特征和社会进步的价值观念、思维方式、行为规范及其活动结果。学校文化以具有学校特色的精神形式、制度形式和物质形态为外部表现，并影响和制约着学校群体成员的活动方式、精神面貌与文化素养。也就是说，校园文化属于学校文化的一部分。但是，校园文化是人们多年来认同的一个概念。学校文化在于它更强调学校与社会的联系，它除了包括校园文化的内容之外，还包括学校中心工作的载体，即课程文化资源的开发与外化。校园文化往往不包括课堂文化或者其他的关于学校的一些仪式性文化，而学校文化作为一个不仅仅在空间上，也在时间上，即不仅仅有有形形式表达的学校文化，还有无形表达出来的学校文化，而校园文化则主要通过无形的方式展示出来。

三、校园文化建设

校园文化建设是指依据校园文化的性质及发展规律，在校园范围内有计划、有系统地进行合乎时代要求的文化营造和管理。教师和学生可以根据本校的特色进一步优化教育教学环境，完善师生管理规章制度，积极开展文化活动，最终形成学校精神的活动和过程。具体包括校园物质文化建设、制度文化建设、精神文化建设三个方面。农村中小学教学校园文化建设是指农村学的教育管理者在充分认识和了解校园文化建设的基础上，根据农村中小学教育的规律和学生的身心特点，结合本校实际，利用当地教育资源，在教师学生的积极参与下，构建校园文化的活动和过程。

第二节　当前我国农村中小学校园文化建设存在的主要问题

目前，农村中小学校园文化建设的状况仍不容乐观，归纳起来主要有以下五种倾向。

一、校园文化建设中人与人之间关系的不和谐

1. 师生之间的不和谐。教师在激烈的竞争中要立于不败之地，必须寄托于学生。教师把校长给予的压力转嫁到学生身上，于是偏爱成绩好的学生，歧视甚至驱赶成绩差的学生。那些调皮成绩又差的"双差生"，成了教师进职称、得奖金、评先进的主要障碍，于是教师想方设法驱赶，迫使其转学或辍学，造成师生的严重对立。

2. 教师之间的不和谐。当前，极少数教师情感淡漠，无心经营融洽的人际关系，彼此之间存在一种微妙的"隔阂态"。平时大伙儿都是"菜地里的萝卜——个个是头"，孤傲清高，对自己缺少正确的认识和评价，把同事当作是"抢名次"的对手，相互防备着，有了新的教学理念、新方法、新信息不与他人分享。他们总是"各扫门前雪"，暗自使劲，守着自己的教学经验秘密，争取在有限的职称名额中脱颖而出，优先晋级；或为了在升学率的竞争中名列前茅，压倒群雄，千方百计地排斥甚至陷害对手，以致关系十分紧张。这不仅会影响到学校教育教学质量，也会阻碍和谐校园的形成和发展。所以，教师间建立和谐的人际关系尤为重要。

3. 学生之间的不和谐。现在的中小学生绝大部分都是独生子女，在他们的成长过程中，缺少合作的机会，加之当前信息化、网络化等多种原因，同窗之间冷漠、相欺、相残，缺少宽容和诚信友爱。如有些学生借口帮助同学而大骗钱财，绑架同学，甚至敲诈父母，走上犯罪道路。还有不少中小学生受不良文化和影视作品影响，在校园里称王称霸，对弱小同学动辄拳脚相加，有的还对教师大打出手。甚至有些中小学校园里出现了"学生老大"，组织带有黑社会性质的团伙，向学生收取"保护费"等，破坏了校园的和谐与安全。

二、校园文化表面化

（一）物质文化建设的表面化

1. 物质文化建设功能体现不足。许多学校在校园环境建设上一味贯彻"领导意志"，很少听取专家和师生的建议，政治口号充斥校园，单调枯燥，失去了校园应有的文化、艺术色彩。许多学校的校训或校风建设口号大同小异，或是"团结、奋斗、求实、创新"，或是"拼搏、超越、踏实、奉献"，千篇一律，体现不出学校的特色，也难形成一个核心的价值观。在不明晰的精神文化建设的前提下，物质文化建设也难有方向。不少学校为了应付上级检查或评估，不顾本校实际情况而照搬他校的文化建设特色，墙上贴瓷砖、改大门、建花台等。校园物质文化建设中的盲目性和随意性，使物质文化建设很难围绕核心价值观体现精神文化，不能充分体现文化和教育的功能。当前学校和社会提供的适合中小学生特点，能满足他们需要的课外活动场所和环境比较缺乏，切实的帮助和指导也不够。

2. 物质文化建设过于随意。目前，校园建设情况远远不能令人满意。其主要表现有：

（1）建筑及设施陈旧。

农村边远落后地区中小学校舍已相当落后、残破，不能适应现代化教育的发展需要，有的甚至岌岌可危，连遮风避雨的实用功能都无法保证，更谈不上体现文化教育功能。

（2）布局零乱，没有整体规划。

由于资金、发展、变更等原因，许多校园不能一次设计施工完成，又没有统一的规划，致使校园建设无序、零乱、布局不合理，没有文化、艺术特色，不够美观和谐。

（3）设施短缺。

目前农村学校校园建设的突出问题是地皮紧缺，活动场地少。没有专用的劳动场所、美术教室、音乐教室及其他功能教室的也比比皆是。这些最基本的设施都不能完备，更不要说现代化的各种教育设施和场景。

（4）管理水平不高，没有综合管理的能力和意识。

人浮于事，出工不出力，"铁饭碗"的现象比比皆是，从而影响了校园文化建设的整体规划和管理水平。

（二）精神文化建设的表面化

1. 精神文化建设重视程度不足。

在学校领导的办学理念上，不研究、不重视学校文化建设工作是普遍存在的。许多人把学校文化建设工作归属于学生管理组织，把学校文化建设看作是学生自娱自乐、调节学习生活的活动；有的学校把学校文化建设归属于学生的思想政治教育；有的干脆把学校文化建设等同于学生业余活动的开展；也有人把校园外表的净化、美化、绿化、等同于学校文化建设的全部。因此，中小学校文化建设在很大程度上被局限在学生管理和思想政治教育的层次上，并没有把学校文化建设放在整体办学方向、教育培养目标和学校发展定位的高度上去认识。

2. 精神文化建设特色缺乏。

在学校精神文化的培育上，我们许多学校没有自己的特色和发展目标。学校精神的集中体现是校风，可许多学校却不重视校风建设与培养，校风的建设与培养取决于校训的制订。校训往往是凝聚几代校园人思想和学校特色的一种理念，是学校办学发展和特色追求的目标和方向，需要几任领导甚至几代人的探索研究，才能形成稳定的、内涵丰富的、具有特色的校训。然而，目前我们中小学的校训在内容上几乎是一样的，什么"团结拼搏、改革创新、锐意进取、勤奋求实"等等，到处可见。这种情况说明我们中小学的办学理念盲从现象严重，缺少自己办学理念上的文化思考。许多学校办学模式有太多的雷同，千校一面，学校领导抓校园基本建设多、抓升学率多、抓学科竞赛多、抓校园环境整治多，唯独抓学校文化整体建设少。

3. 校园文化活动内涵欠丰富。

校园文化活动是校园精神文化建设的主要内容。目前中小学校园文化活动看起来丰富多彩，形式多种多样，却让人感觉是为应付上级的有关活动而开展的，而且组织不够科学严谨，花架子多，说教型的偏多，没有体现校园文化的实践性原则。

4. 道德教育氛围缺失。

在当前的校园文化中，为了突出"德育为首"的教育地位，便把德育从校园的各种教育中单独拿了出来，专门设置了德育处，并由此构建出由德育处下辖的班主任负责德育工作的体系。这种道德教育是把道德教育从学校的各种教育活动中孤立出来，使之脱离整个教育活动而单独存在，单独发挥作用；强调了专职德育人员的作用，忽视了全员育人，特别是教师整体的作用的发挥。这样就形成了"教书的（任课教师）只教书"，"育人的（班主任、德育处）专育人"的现象。学生的道德教育也自然而然地划归成班主任、德育处的"专利"了，没有在校园中形成浓厚的道德教育氛围。这样的教育形式忽略了学生是一个具体的人，一个完整的人，是一个不可分割的有机整体的事实，忽略了"个体生命是由自然与社会、生理与心理、物质与精神、理性与情感等多层次、多因素构成的一个综合体"。道德教育面对的人也是这种"完整的个人"，这样"道德教育应该存在于所有的学校活动之中，而非从整体的学校生活中分离出来，由专门的机构与人员按专门的课程实施的专门性工作"。事实上，校园文化中充满着道德教育的因素，比如，每一门学科、每一种教学方法，学校中的每一偶发事件都孕育着培养道德的可能性。不同学科学习的内容蕴藏着丰富的道德教育资源。学科学习的过程无时无处不是学习道德的过程，因为这其中既有个性生命能量的投入、积极情绪的感受、自我尊严的确认，又有群体交往中的合作与分享、奖励与惩罚、信守与承诺、纪律约束与意志磨炼等。学生的道德成长也正是校园文化中各种因素共同作用的结果。

三、校园文化形式化

在校园文化建设中，有些学校热衷于建设物化的环境文化，有些学校热衷于搞各种活动，有些学校热衷于搞形象设计。这就给人以一种误解，似乎校园文化就是学校的各种文化设施、开展的文化活动或学校形象设计等。实际上，学校文化的核心是观念文化，其次是行为规范和行为方式层面，最表层的是学校文化的各种表现方式。由此可见，学校的各种文化设施、学校文化活动和学校形象设计都是学校文化表层的表现方式。如果表层的形式脱离于深层的基础，这样"外强中干"的学校文化就是没有意义的，对学校的发展也没有推动作用。

四、校园文化装饰色彩浓厚

校园文化是中小学校育人的一个重要手段。然而，现今大多数中小学校园文化建设关注的只是装饰，仅是用来与其他学校攀比的，要气派、要漂亮，于是就变成了表面上热热闹闹的活动。此时，校园文化的教育功能就被忽略、弱化了。

构建和谐的校园文化离不开物质文化的建设。物质文化是学校发展过程中积累起来的外在物化形式的总称。它是精神文化赖以生存和发展的基础和载体，是校园文化的外在标记，它包括校园环境布局、建筑雕塑风格、图书资料、校园绿化美化、环境卫生、教学设施、文化设施和文化网络，还包括学校的标志如校徽、校歌、校训、校旗、校牌等等。物质文化的建设直接反映出学校的办学水平。在校园物质文化建设过程中，要充分发挥全校师生的主体作用，把精神文化渗透到物质文化建设中。建设和谐的校园文化，校园制度文化建设是保障。学校的各项规章制度是校园文化的重要组成部分，制度制订和修改一般要遵循目的性、基础性和民主性原则。首先，要遵循目的性原则。无论是完善旧制度还是制订新制度，目的要明确，针对性要强，这样效果才会明显，师生才会感到这是必要的，是与师生和学校的发展息息相关的。师生对制度的认同感越强，制度提升为文化的可能性越大。其次，要考虑制度制订的文化基础。其中关键要考虑制度因校而异。每所学校都有自己的文化历史，其影响是巨大而持久的，它往往左右着学校教育思想、管理措施、办学目标的实现。校园文化虽有可塑性，但其惯性的力量不可低估。如在教师合作与竞争的关系上，理想的境界当然是合作中有竞争，竞争中有合作，力求形成双赢或多赢的局面。但多数学校并未达到理想的境界。有的学校教师比较注重个人力量的发挥，教师竞争意识较强而合作意识较弱，不能做到资源共享，集体备课流于形式；有的学校教师合作意识较强而竞争意识较弱，教师之间的关系较为和谐，但它容易使人产生惰性，即使优秀的教师也可能在这种文化氛围中慢慢失去锐意进取的精神，不利于人才的培养。在一个竞争精神比较缺乏的学校，建立强化骨干教师制，能鼓励竞争，充分发挥领头羊的作用；在一个合作精神比较缺乏的学校，更应该加强利于合作精神形成的制度建设，以增强集体的凝聚力，因为制度是一种规范，更是一种文化的导向。再次，在制度制订过程中，一定要坚持民主集中制的原则，要使全体教职工积极参与制度的制订与完善的过程，发挥工会、教代会的民主管理和监督作用。校行政会集体讨论，再征求不同层次代表的意见，在修改的基础上交教代会审议。这样既可以发挥集体领导的作用，又可以群策群力，为各项规章制度的顺利实施奠定群众基础。规章制度有群众基础是其能提升为校园文化的前提。

五、校园文化建设目的功利化

据调查，大部分学校的校园文化建设是针对合格学校、特色学校创建等工作而进行的，有些校长纯粹把它作为学校的形象工程和自己的一项政绩工程，因此，不惜人力、物力、财力，修校园、文化墙，立校园雕塑，搞硬件建设等，这样的建设具有明显的功利化倾向，偏离了校园文化建设的奠基学校育人品位的目标。

六、校园文化建设过程"激进化"

由于各级教育行政部门高度重视学校的校园文化建设，"建设热"盛行，使得一些学校在校园文化建设上急功近利。这实质上与校园文化形成的过程是相违背的，不利于学校精神文化的提炼和形成。

七、校园文化建设主体"骨干化"

据了解，在校园文化建设中，大多数学校的参与者主要是学校骨干；教师中对此持观望或反对态度的不少，热情不高；学校活动不多，学生参与少，几乎呈被动地接受状态。显然，这样的校园文化无法让全体师生认同，也就难以形成共同的价值观。

综上所述，和谐的校园文化建设是个多层面、多维度的系统工程，也是一个历史积淀与发展创新的过程。在这个过程中，要充分调动各方面的积极性，努力打造环境优美，设施先进，师生和谐相处，制度完善的校园文化。

第三节　对农村中小学校园文化建设的反思和对策

一、农村中小学校园文化建设存在问题的原因分析

（一）教育经费投入体制不合理

目前，教育经费投入匮乏已经成为农村校园文化建设存在问题的主要原因。校园文化建设所包含的物质文化建设、制度文化建设、精神文化建设都少不了资金的支持。我国上世纪 90 年代中期实行"地方负责，分级管理"的体制导致的问题非常突出，地方之间经济条件和发展水平的不平衡，直接影响着教育经费的投入。就我国而言，部分地区的农村学校的基本教育设施都不能得到满足，校园文化建设的资

金投入方面就被忽略不计了。除此之外，地方政府重视名校建设、示范学校建设使教育资本聚集到办学条件好的学校，加大了学校办学条件的"贫富分化"，农村学校的建设力度减弱，重视程度不够。

（二）理论与实践缺乏互动

农村中小学在探索校园文化实践工作上存在明显不足。学校管理者对校园文化建设还没有足够的认识与把握，学校教师也没有做此项工作的研究，因此，学校的校园文化建设的实践工作也就无从谈起。

进一步说，在中国现有的中小学关于校园文化实践中，在活动数量上无论是绝对数，还是相对数都明显不足，即实践活动不多，而且也没有形成影响，应让领导、老师与学生真正感受到它的存在，也有意愿想加入到校园文化建设的活动之中。

当下的中小学校园文化建设实践活动不多，换句话来说，就是实践活动太少，也就无法引起中国学术界的关注，也无法对现有的问题进行研究与探索。这种现象导致我国对于农村中小学校园文化建设也仅在理论上研究，甚至部分农村中小学对校园文化建设的认识不足，导致校园文化建设在学校领导心中意识不强。他们之间的交流几乎很少，即使有些交流，也属于形式上的交流，而非真正解决问题式的交流！

二、改进农村中小学校园文化建设的对策建议

从上面对问题的展示，以及对产生问题的原因进行分析，则可以发现校园文化建设是一个系统工程，不能单独说某一方面的改进或者提高就能让校园文化进入到一个新阶段。因此，关于校园文化的建议或者说对策绝不是某一方面的内容，而是需要一系列的配套措施！具体而言，如下：

（一）明确指导思想，建设有特色的校园文化

1. 指导思想要明确

校园文化建设的主要目的，就是为学生的健康成长创造一个良好的文化环境和氛围，为国家培养新一代社会主义现代化事业的合格建设者和可靠接班人。为此，建设和谐的校园文化，应当是在马克思列

宁主义、毛泽东思想、邓小平理论、"三个代表"重要思想的指导下，落实党的十七大精神，全面贯彻党的教育方针，通过科学的规划和积极的引导，充分发挥校园文化的育人功能，为培养有理想、有道德、有文化、有纪律的社会主义建设者和接班人，努力建成具有中国特色的社会主义校园文化。

2. 构建有特色的校园文化

一所学校的校园文化，是校园人共同创设、长期积淀而成的一种具有鲜明个性的精神风貌和物质形态。在创新素质的培养过程中，校园文化对学生潜移默化、"润物无声"的作用，是其他教育所不能代替的。为更好地发挥其作用，学校的领导应该有意识地加强在这方面的建设，促成其逐渐形成特色，使校园文化环境以其独特的优势和作用，与"育人"相结合，有效地作用于学生，有效地促进教育质量的提高。由于各校的性质、任务、地理环境、文化背景等不同，决定了校园文化建设应有所不同，各具特色。一个学校一旦形成了自己独特的文化特色，师生的兴趣、爱好往往向学校特色的文化聚集。

（二）提高认识，奠定校园文化建设基础

1. 充分认识校园文化的内涵与功能

目前，农村中小学存在着校园文化建设底子薄、设施差、水平比较低等问题。造成这种状况的原因是多方面的，而其中一个重要的原因是对校园文化建设缺乏足够的认识。学校的领导和教师，将教育的重心放在了升学率上，竭尽全力抓智育、抓升学，但对校园文化建设很少考虑，文化活动都很少开展。学校的领导和教师需要对校园文化的内涵和功能有一个充分的认识，这样才能使天赋、智力、才能极不平衡的学生从中找到展示、表现和发展自己的领域，从而摆脱自卑，树立起自信，找到真实的自我；还可以培养学生丰富的想象力，成为充满创造激情的发明家；还可以使学生在多方面的尝试、实践中锻炼和提高独立思考能力和创新才能，这是课堂教学所无法做到的。

2. 鼓励教师继续教育

要达到校园文化建设真正的目的，学校就必须改变把师生只当作接受对象和灌输对象的态度和做法，要确定师生为学校校园文化建设的主体地位，发挥其创造性和自主性。在这里，教师的作用尤为突出。因为，教师"传道、授业、解惑"的职业角色，决定他们是对学生有楷模作用的文化传播者；另一方面，对学校自身的发展而言，他们又是一支稳定的校园主体。教师的知识水平、人格品质、品行作风对学生知识的接受、价值观的形成，乃至精神品质的培养起着关键作用。继续教育，使不同层次的教师在政治素质、业务素质、道德素质等方面，在原有基础上进一步提高，从而促进教育教学改革，提高教育质量。

一些教师可以到其他学校进行学术交流，也可以派出去参加学术会议、短期训练、考察、讲学、进修，通过这些活动可以加强与其他学校、组织的交流与合作，从而拓展教师的专业视野。随着教师认识的提高，在校园文化建设上也会更新观念，传达学校校园文化理念的方式也会呈现多样化、多元化。因此，鼓励教师继续教育，不仅可以提升教师的综合素质，还可以奠定学校校园文化建设基础，从而达到育人的目的。

3. 重视校园文化建设的研究与实践

苏霍姆林斯基说："学生周围的世界是生动的思想源泉，是取之不竭，用之不尽的宝库。"因此教师一定要调整思路，更新观念，加强学校校园文化的研究，充分开发和利用"学生周围的世界"中的教育资源，尽快出台一些具有可操作性及实际指导意义的比较完善的校园文化建设的理论体系、评估体系及实践模式。学校还可以投入一定的资金来研究校园文化的建设，建立奖励机制，充分调动教师的积极性和创造性，使校园文化建设的教育功能得到展现。学校增加关于校园文化建设的经费问题，实际上就包括了对校园文化进行研究的专项经费。另外，不能让中小学校园文化建设的理论创新游离于中小学教师、领导圈之外，必须让这些领导者与学术研究者进行经常性的、甚至是制度性的接触与交流,以避免学术界的闭门造车,也避免从事实务的领导、老师们一直在茫然状态下继续,否则会产生分则两害的后果。

(三)加强领导与管理,完善各项管理制度

1. 高度重视,构建校园文化建设的经费保障

建立和谐的校园文化是一个系统工程,需要政府重视,建立相应的机制,充分发挥其导向作用。省、市、县教育局可以进行校园文化建设评估,开展丰富的活动来引起学校对自身校园文化建设的重视。国家发改委投资研究所课题组完成的题为《未来公共教育发展展望》的研究报告,对"十一五"时期及 2020 年教育投资规模需求进行了新的测算。课题组测算结果显示:2010 年,全国全社会教育经费总量将达到 12000 亿元,占 GDP 总量的 6.6% 左右。对财政教育经费的总需求将达到 8200 多亿元,占 GDP 总量的 4.5% 左右。从以上数据,我们可以看到,国家将加大教育经费投资规模,这将减轻学校的压力,并有利于学校校园文化建设工作的开展。

除此之外,学校的管理者对校园文化建设的认识程度,直接决定着学校校园文化建设的发展情况。因此,学校的管理者要从提高中华民族的全面素质,加强社会主义精神文明建设的高度,来放远认识校园文化建设的重大意义,要把校园文化建设提高到重要议事日程,做到"三有":有布置、有落实、有评比。

同时,由于教育经费紧张,学校领导还要争取社会各方面的重视与配合,需要调动社会上的一切积极因素,利用他们的人力、物力、财力全面地、有效地开展校园文化建设工作。

2. 设置机构,落实校园文化建设工作

要搞好校园文化建设,学校必须设置校园文化建设办公室,并配置相应的人员,并且有专门领导负责,专门抓,总揽校园文化建设全局。这样才能做到学校整个工作一盘棋,才能发挥全体师生的积极性,才能把校园文化建设抓出特色,使校园文化建设做到有计划、有目标、有秩序地开展。

另外，校园文化队伍的勤奋与能干，对正常开展校园文化活动，加强校园文化建设，也具有十分重要的、决定性的作用。教师和学生是学校的主体，他们的积极性和潜在能量是巨大的能动资源。因此，学校必须健全和完善相应的组织机构建设和队伍建设，落实校园文化建设工作。

3. 加强管理，完善各项制度

目前，我国还未制定校园文化建设的相关法律法规。笔者认为中央应当抓紧制定和颁布校园文化建设的法律、法规，使校园文化建设真正落到实处，成为学校建设的目标，使其逐渐制度化、法律化、规范化。同时学校还要加强校园文化的指导和管理，制定较完善、科学的管理制度，建立校园文化建设的长效机制，实现校园文化的可持续发展，确保校园文化活动的方向正确、内容健康、形式活跃，从而发挥其教育作用，推动校园文化建设向前发展。

（四）以人为本，创建和谐校园文化

1. 组织全面合理的校园文化活动

学校要根据学生的身心特点，充分考虑他们的年龄差异和个体差异，精心设计和组织开展内容丰富、形式多样、吸引力强、调动学生主动参与的校园文化活动，陶冶学生的性情。学生的兴趣爱好是极为广泛的，如果学校不能满足学生的这些正当要求，不占领校园文化阵地，学生的课余生活单调、枯燥无味，那么各种错误的、腐朽低级的东西就会乘虚而入，在思想、文化、宣传和生活等领域同我们争夺学生，如有的学生迷恋于街头网吧，荒废学业。因此，学校可以充分利用好"六一"儿童节、"七一"建党节、"十一"国庆节及教师节等重大节庆，组织丰富多彩的校园文化活动来吸引广大学生。既体现知识性、科学性，更突出趣味性、娱乐性，最大限度地调动发挥学生的积极性、主动性和创造性。

2. 营造良好的校园物质文化环境

环境是育人的"土壤"。校园是学生学习、生活、成长的栖息地，也是学生创新能力得到培养的沃土。良好的校园物质文化环境，有利于净化学生的心灵，培养学生养成爱美的习惯，提高学生的认识，增强学生的才干，开拓学生的智力，提高学生的审美能力，树立正确的审美观，陶冶学生的道德情操。优美、健康的校园物质文化环境不仅使人得到美的享受，而且可以感受到大自然的勃勃生机，缓解紧张学习的压力，促进良好心理状态的养成。因此，学校要提倡对校园文化建设的自觉性，充分利用校园的每一个角落，营造良好的物质文化环境，使校园的一草一木、一砖一瓦都能体现教育的引导和熏陶作用。

3. 建立良好的校园精神文化氛围

校园精神文化建设是校园文化的核心与灵魂，主要包括学校的文化传统、文化观念、价值观念、生活观念等意识形态，是一个学校本质、特色个性、精神面貌的集中反映，是文化的最高层次。校园精神文化对人的感染力是巨大的。良好的校园精神文化氛围有利于学生培养高尚的情操，塑造健全人格，提升求知欲望，形成积极向上的学风和校风，也是学生事务管理工作追求的一种积极状态。因此，我们要强化校园精神文化建设，就要着力创建积极向上的校风，宽松和谐的人际关系，培养学生养成良好的行为习惯，扎实有效地开展好少先队工作，营造健康的舆论渲染氛围，全面开展兴趣活动和课余娱乐活动。润物细无声，使受教育者在潜移默化中得到教育。

参考文献

1. 张乐群. 中小学校长教育与管理思想研究［M］. 合肥：安徽大学出版社，2007.

2. 严华银. 今天如何做校长［M］. 上海：华东师范大学出版社，2010.

3. 魏书生. 如何做最好的校长［M］. 南京：南京出版社，2010.

4. 陶行知. 陶行知全集［M］. 成都：四川教育出版社，2005.

5. 吴志宏. 学校管理理论与实践［M］. 北京：北京师范大学出版社，2002.

6. 彭虹斌，刘剑玲. 流变与博弈——一个农村小镇30年的教育变迁［M］. 合肥：合肥工业大学出版社，2005.

7. 肖正德. 冲突与调适——农村中小学教学改革的文化路向［M］. 杭州：浙江大学出版社，2010.

8. 肖宗六. 学校管理学［M］. 北京：人民教育出版社，2008.

9. 张继正. 学校管理学导论［M］. 上海：华东师范大学出版社，2000.

10. 朱永新. 中国著名校长办学思想录［M］. 南京：江苏教育出版社，2001.

11. 南京师范大学教科所. 教育系. 农村教育学［M］. 北京：人民教育出版社，1988.

12. 赵家骥，杨东. 农村教育的困境与出路［M］. 成都：四川教育出版社，1994.

13. 王春光. 中国农村社会变迁［M］. 昆明：云南人民出版社，1996.

14. 郭晓君. 中国农村文化建设论［M］. 石家庄：河北科学技术出版社，2001.

15. 凌文辁. 领导与激励［M］. 北京：机械工业出版社，2000.

16. 殷爱荪，周川主编. 校长与教育家 [M]. 福州：福建教育出版社，2004.

17. 廖其发主编. 中国农村教育问题研究 [M]. 成都：四川教育出版社，2006.

18. 黄崴，教育管理学. 概念与原理 [M]. 广州：广东高等教育出版社，2002.

19. 余永德主编. 农村教育论 [M]. 北京：人民教育出版社，2000.

20. 吴志宏，陈韶峰，汤林春. 教育政策与教育法规 [M]. 上海：华东师范大学出版社，2003.

21. 干国祥，魏智渊，罗登远. 中小学校长通用管理 100 例 [M] 成都：四川教育出版社，2005.

22. 王铁军. 校长学 [M]. 南京：江苏教育出版社，1993.

23. 史万兵. 教育行政管理 [M]. 北京：教育科学出版社，2005.

24. 孙忠生等主编. 农村九年一贯制学校管理研究 [M]. 上海：华东师范大学出版社，2007.

25. 吴志宏主编. 中小学管理比较 [M]. 上海：上海教育出版社，2000.

26. 吴志宏等主编. 新编教育管理学 [M]. 上海：华东师范大学出版社，2000.

27. 张楚廷. 校长学概论 [M]. 北京：北京师范大学出版社，1995.

28. 李少元. 农村教育论 [M]. 南京：江苏教育出版社，2000.

29. 肖川. 办好学校的策略 [M]. 南京：南京师范大学出版社，2005.

30. 陈孝彬. 教育管理学 [M]. 北京：北京师范大学出版社，1999.

31. 赵中建. 学校文化 [M]. 上海：华东师范大学出版社，2004.

32. 赵家骥，杨东. 农村教育的困境与出路 [M]. 成都：四川教育出版社，1994.

33. 萧宗六. 学校管理学 [M]. 北京：人民教育出版社，1994.

34. 阎德明主编. 现代学校管理学 [M]. 北京：人民教育出版社，1999.